Obra Completa de C.G. Jung
Volume 15

O espírito na arte e na ciência

Comissão responsável pela organização do lançamento da
Obra Completa de C.G. Jung em português:
Dr. Léon Bonaventure
Dr. Leonardo Boff
Dora Mariana Ribeiro Ferreira da Silva
Dra. Jette Bonaventure

A comissão responsável pela tradução da Obra Completa de C.G. Jung sente-se honrada em expressar seu agradecimento à Fundação Pro Helvetia, de Zurique, pelo apoio recebido.

Dados Internacionais de Catalogação na Publicação (CIP)
(Câmara Brasileira do Livro, SP, Brasil)

Jung, Carl Gustav, 1875-1961.
 O espírito na arte e na ciência / C.G. Jung; tradução de Maria de Moraes Barros. – 8. ed. – Petrópolis, Vozes, 2013.
 Título original: Über das Phänomen des Geistes in Kunst und Wissenschaft.
 Bibliografia.

 19ª reimpressão, 2024.

 ISBN 978-85-326-0750-8
 1. Criatividade 2. Literatura – Psicologia 3. Psicanálise 4. Psicologia – Ensaios, conferência etc. 5. Psicologia e literatura I. Título

07-8539   CDD-150.1954

Índices para catálogo sistemático:
1. Psicologia analítica junguiana   150.1954

C.G. Jung

O espírito na arte e na ciência

15

Petrópolis

© 1971, Walter-Verlag, AG, Olten

Tradução do original em alemão intitulado
Über das Phänomen des Geistes in Kunst und Wissenschaft (Band 15)

Editores da edição suíça:
Marianne Niehus-Jung
Dra. Lena Hurwitz-Eisner
Dr. Med. Franz Riklin
Lilly Jung-Merker
Dra. Fil. Elisabeth Rüf

CONSELHO EDITORIAL

Diretor
Volney J. Berkenbrock

Editores
Aline dos Santos Carneiro
Edrian Josué Pasini
Marilac Loraine Oleniki
Welder Lancieri Marchini

Conselheiros
Elói Dionísio Piva
Francisco Morás
Gilberto Gonçalves Garcia
Ludovico Garmus
Teobaldo Heidemann

Secretário executivo
Leonardo A.R.T. dos Santos

Direitos exclusivos de publicação em língua portuguesa:
1985, Editora Vozes Ltda.
Rua Frei Luís, 100
25689-900 Petrópolis, RJ
www.vozes.com.br
Brasil

Todos os direitos reservados. Nenhuma parte desta obra poderá ser reproduzida ou transmitida por qualquer forma e/ou quaisquer meios (eletrônico ou mecânico, incluindo fotocópia e gravação) ou arquivada em qualquer sistema ou banco de dados sem permissão escrita da editora.

PRODUÇÃO EDITORIAL

Aline L.R. de Barros
Marcelo Telles
Mirela de Oliveira
Otaviano M. Cunha
Rafael de Oliveira
Samuel Rezende
Vanessa Luz
Verônica M. Guedes

Conselho de projetos editoriais
Isabelle Theodora R.S. Martins
Luísa Ramos M. Lorenzi
Natália França
Priscilla A.F. Alves

Tradução: Maria de Moraes Barros
Revisão literária: Lúcia Mathilde Endlich Orth
Revisão técnica: Dra. Jette Bonaventure

Diagramação: AG.SR Desenv. Gráfico
Capa: 2 estúdio gráfico

ISBN 978-85-326-2424-6 (Obra Completa de C.G. Jung)

ISBN 978-85-326-0750-8 (Brasil)
ISBN 3-530-40715-14 (Suíça)

Este livro foi composto e impresso pela Editora Vozes Ltda.

Sumário

Prefácio dos editores, 7
I Paracelso (1929), 9
II Paracelso, o médico (1941), 18
III Sigmund Freud, um fenômeno histórico-cultural (1932), 38
IV Sigmund Freud (1939), 46
V Em memória de Richard Wilhelm (1930), 55
VI Relação da psicologia analítica com a obra de arte poética (1922), 65
VII Psicologia e poesia (1930), 85
    Prefácio, 85
    Introdução, 87
    1. A obra, 89
    2. O poeta, 102
VIII *Ulisses,* um monólogo (1932), 109
IX Picasso (1932), 138
Referências, 145
Índice onomástico, 153
Índice analítico, 157

Prefácio dos editores

Há várias maneiras de analisar as obras das grandes personalidades. Todas podem ser examinadas à luz do seu desenvolvimento individual, das influências históricas que sobre elas atuaram ou das influências coletivas de difícil determinação, contidas na expressão *espírito da época*. A atenção de Jung voltava-se, de preferência, para os grandes movimentos culturais – em especial a alquimia – os quais compensavam o espírito da época ou dele surgiam, como também para o espírito criativo que introduzia interpretações revolucionárias em campos tão diversos como medicina, psicanálise, cultura oriental, artes plásticas e literatura. Os ensaios sobre Paracelso, Freud, o sinólogo Richard Wilhelm, Picasso e *Ulisses* de Joyce foram reunidos para ilustrar este tema central; outros dois analisam criações literárias, independente da característica pessoal e da psicologia de um mesmo poeta. A fonte da criatividade científica e artística, nas estruturas arquetípicas e principalmente na dinâmica do "arquétipo-espírito", constitui um contraponto essencial ao tema que serve de base a esta coletânea de ensaios. O presente volume aparece no décimo aniversário da morte de C.G. Jung e é o décimo da Obra Completa. Este decênio ficou marcado, de modo bastante estranho, pelo desaparecimento de todos os colaboradores que, de início, haviam sido incumbidos dessa tarefa: em 4 de Janeiro de 1965, falecia Lena Hurwitz-Eisner, em 10 de março do mesmo ano, Marianne Niehus-Jung, em 5 de junho de 1969, o até então editor da Obra Completa de Jung, Albert Rascher, e em 1º de agosto, portanto apenas dois meses mais tarde, Franz Riklin que, dentre os editores, havia sido pessoalmente apontado por Jung para ser o perito no ramo da medicina e da psiquiatria.

Após a dissolução da antiga Editora Rascher, assumimos com a Editora Walter em Olten a futura colaboração. Foi uma satisfação para nós termos encontrado nessa casa uma empresa dinâmica, interessada nesta tarefa comum. Os subscritores da edição completa compreenderão certamente que essa troca deverá acarretar algumas modificações na apresentação externa. O neto de C.G. Jung, Dr. Dieter Baumann, médico, aquiesceu em dar a sua colaboração como sucessor de Franz Riklin.

Queremos agradecer à Senhorita Marie-Lousie Attenhofer pelo cuidadoso preparo dos Índices Onomástico e Analítico.

Os editores

Natal, 1970

I

Paracelso[1]

O famoso Philippus Aureolus Bombast Von Hohenheim, conhecido como Theophrastus Paracelsus[2], nasceu nesta casa, a 10 de novembro 1493. Sua mentalidade medieval e espírito perquiridor não levarão a mal se, em respeitosa memória ao costume de sua época, lançarmos primeiramente um olhar para a posição do sol na data de seu nascimento. Estava em Escorpião, signo que, segundo antiga tradição, era propício a médicos e peritos em venenos e curas. Escorpião é regido pelo orgulhoso e belicoso Marte que provê os fortes com coragem guerreira e os fracos com disposição de provocar e irritar. E, sem dúvida, a vida posterior de Paracelso não desmentiu esta natividade.

Descendo do céu para terra em que nasceu, encontramos a casa de seus pais num vale profundo, isolado à sombra de árvores e rodeados por altivas e escuras montanhas que encerravam as colinas e planícies pantanosas da melancólica Einsiedeln. Os picos mais elevados dos Alpes erguiam-se numa proximidade inquietante; o poder da terra prevalece visivelmente sobre a arbitrariedade do homem; ameaçadoramente viva, a terra mantém o homem preso em sua cavidade e impõe a ele sua vontade. Aqui, onde a natureza é mais poderosa do que o homem, ninguém lhe escapa; o frio da água, a rigidez da rocha, a nodosidade e tenacidade das raízes do mato e o escarpado das en-

---

1. [Palestra proferida em junho de 1929 no recinto do Clube Literário de Zurique, perto da casa onde nasceu Paracelso em Teufelsbrücke bei Einsiedein, publicada em *Der Lesezirkel* XVI (Zurique, 10 de setembro de 1929). Mais tarde, em *Wirklichkeit der Seele*, de C.G. Jung (cf. Bibliografia), além disso no caderno 25, série "Der Bogen", St. Gallen, Tschudy 1952].

2. Remetemos o leitor à primorosa edição dos escritores de Paracelso pelo Dr. Bernhard Aschner [cf. Referências].

costas infundem na alma de quem lá nasce algo inextirpável e que atua de maneira viva; e confere ao suíço teimosia, constância, lentidão e orgulho inato, qualidades que já foram interpretadas de várias formas – favoravelmente como independência, desfavoravelmente como cabeçudice. (Escreveu certa feita, um autor francês: "O suíço se caracteriza por um nobre espírito de liberdade, mas também por certa frieza pouco agradável".)

3 Pai sol e mãe terra parecem ter sido mais genitores de seu caráter do que seus pais de sangue. Paracelso não era suíço, mas suábio, ao menos pelo lado paterno. Era filho de Wilhelm Bombast que, por sua vez, era filho ilegítimo de Georg Bombast Von Hohenheim, Grão-mestre da Ordem dos Cavaleiros de São João. Mas nascido na região dos Alpes, no regaço de uma terra poderosa que, sem considerar o sangue, fez dele propriedade sua, Paracelso veio ao mundo na qualidade de suíço por caráter, conforme lei topográfica desconhecida que regula a disposição do indivíduo.

4 Sua mãe era de Einsiedeln. Desconhecemos a influência que exerceu sobre ele. Seu pai, no entanto, era uma natureza problemática. Médico, foi para o interior, estabelecendo-se à beira da estrada dos peregrinos, num barraco onde raposas e lebres se desejavam boa-noite. Que direito tinha ele, filho ilegítimo, de trazer o nome nobre de seu pai? Pode-se imaginar a tragédia íntima do filho ilegítimo: um injustiçado, amargurado e solitário que, na reclusão de seu vale, mantém-se, ressentido, longe do torrão natal, mas recebe, com obsessão inconfessa, notícias do mundo lá longe para qual não haverá de voltar. Havia em seu sangue vida aristocrática e mundo aberto, mas ali permanecem enterrados. Nada exerce maior influência psíquica sobre o meio ambiente da pessoa, sobretudo das crianças, do que a vida não vivida dos pais. Era de se esperar que esse pai tivesse exercido a maior influência sobre o jovem Paracelso que, por sua vez, reagiu em sentido contrário.

5 Um grande amor, na verdade o único, ligava-o ao pai. Era a única pessoa na qual pensava com amor. Um filho tão leal compensará a culpa do pai. Toda a renúncia do pai se transformará em pretensão ambiciosa no filho. O ressentimento e inevitável sentimento de inferioridade do pai fará do filho o vingador da iniquidade cometida contra o pai. Brandirá sua espada contra toda autoridade e combaterá tudo o que se apresentar em nome da *potestas patris* como se fosse um adversário do próprio pai. O que o pai perdeu ou a que renunciou – sucesso, nome

famoso, vida e liberdade no vasto mundo – deve ele reconquistar. E, seguindo lei trágica, tem que brigar também com seus amigos como inevitável sequela da ligação fatalista com o único amigo, o pai, pois há castigos fatalistas severos para endogamia anímica.

Como não é raro acontecer, a natureza o dotou especialmente mal para a função de vingador. Ao invés da compleição de um herói revolucionário, deu-lhe uma estatura de apenas 1,50m, uma aparência doentia, o lábio superior muito curto e que não encobria os dentes (características frequente de pessoas nervosas) e, ao que parece, uma pelve, que se revelou feminina, quando foram exumados seus ossos, em Salzburgo, no século XIX[3]. Corria, mesmo, a versão de que era eunuco, mas, quanto saiba, não há maiores evidências a respeito. Em todos os casos, parece que o amor nunca teceu suas rosas na vida terrena dele, e seus espinhos lhe eram supérfluos uma vez que seu caráter era, de qualquer forma, espinhoso.

Mal completada a idade que permitia portes de armas, o pequeno homem cingiu uma espada tanto maior da qual raras vezes se separava e, ainda mais, porque guardava no punho esférico suas pílulas de láudano, seu verdadeiro arcano. Assim equipado, uma figura não totalmente ausente nas comédias, partiu cedo para o vasto mundo em viagens inauditas e aventureiras que o levaram à Alemanha, França, Itália, Holanda, Dinamarca, Suécia e Rússia. Qual estranho taumaturgo, quase um segundo Apolônio de Tiana, teria viajado, segundo uma legenda, pela África e Ásia onde descobriu os maiores segredos. Nunca fez estudos regulares, pois submissão a qualquer autoridade era tabu. Era autodidata e autossuficiente. Seguia o lema *Alterius non sit, qui suus esse postest*[4], um lema tipicamente suíço. Tudo o que sucedeu a Paracelso durante as viagens permanecerá para sempre relegado a uma nebulosa conjetura, mas provavelmente foi algo semelhante ao que lhe aconteceu em Basileia. Em 1525, médico famoso que era, foi convidado pelo Conselho para ir a Basileia; tratava-se obviamente de um daqueles ataques históricos de imparcialidade que ocasionalmente se repetiam no decorrer dos séculos, conforme o demonstra a nomeação do adolescente Nietzsche. A nomeação tinha

---

3. [Paracelso morreu no dia 24 de setembro de 1941, em Salzburg, onde foi enterrado no cemitério de São Sebastião, "juntamente com os pobres do Asilo de Velhos"].
4. [Quem pode ser aquele que é, não deve seguir os outros].

um pano de fundo doloroso, pois a Europa sofria naquela época de uma epidemia sem precedentes de sífilis que irrompera após a Campanha de Nápoles. Paracelso ocupava o cargo de médico municipal, mas não correspondia à dignidade, contrariando o gosto da Universidade e do louvável público. Escandalizava a primeira porque ministrava as aulas na linguagem de servos e criadas, isto é, em alemão; e o último porque, em vez de sair à rua trajando a roupa própria de seu cargo, usava avental de laboratório. Entre seus colegas era o mais odiado dos homens e seus escritos sobre medicina eram arrasados nos menores detalhes. Insultavam-no, chamando-o de "touro furioso" e "asno selvagem de Einsiedeln". Ele devolvia os insultos de modo idêntico ou parecido, numa linguagem caprichadamente obscena, um espetáculo nada edificante.

8 Em Basileia foi surpreendido por uma fatalidade do destino que o atingiu profundamente: perdeu seu amigo e aluno preferido, o humanista João Oporino, o qual, na verdade, o traía, fornecendo aos opositores as melhores armas. O próprio Oporino arrependeu-se depois da deslealdade, mas era tarde. Já não dava para reparar o dano. Mas nada conseguia refrear a conduta querelante, provocadora e arrogante de Paracelso; e mesmo esta traição só contribui para aumentá-la. Não tardou a empreender novas viagens, em geral muito pobre e decaindo, às vezes, até a miséria.

9 Aos 38 anos aparece em seus escritos mudança característica: ao lado do médico surge o filósofo. Na verdade, "filosófica" não é bem o termo para esta manifestação espiritual. Talvez fosse melhor chamá-la "gnóstica". Após a passagem da meia-idade, ocorre aquela notável alteração psíquica que poderíamos muito bem designar como inversão de direção na vida psíquica. Apenas numa minoria esta sutil mudança vem à tona claramente como inversão. Na maioria ela se processa, como todos os acontecimentos importantes da vida, no limiar do consciente. Nos espíritos mais atilados esta alteração se manifesta com transformação do intelecto numa espécie de espiritualidade especulativa ou intuitiva, como podemos constatar, por exemplo, em Newton, Swedenborg e Nietzsche, para citar apenas três grandes nomes. Em Paracelso a distância entre os opostos não é tão grande, mas de qualquer forma digna de nota.

10 Assim chegamos, após considerar as exterioridades e insuficiências da vida pessoal, ao homem espiritual Paracelso, e com isso, penetramos num mundo de ideias que, para o homem de hoje sem conhe-

cimento específico da mentalidade do fim da Idade Média, deverá aparecer extremamente confuso e obscuro. Paracelso, antes de tudo – apesar de sua estima por Lutero – era e morreu como um bom católico, num estranho antagonismo à sua filosofia pagã. Mal podemos admitir que o catolicismo representasse para ele um estilo de vida, uma realidade tão natural e totalmente incompreensível que nem chegava ser objeto de reflexão; se assim não fosse, teria entrado numa perigosa controvérsia com a Igreja e com seu próprio sentimento. Pelo visto, Paracelso pertencia àquelas criaturas que guardam numa gaveta o intelecto e o sentimento na outra a fim de poderem seguir despreocupadamente em frente, pensando com o intelecto sem jamais correr o risco de entrar em choque com a fé do sentimento. Realmente é um grande alívio quando uma das mãos não sabe o que faz a outra. Seria vã curiosidade querer saber o que teria acontecido se as duas tivessem entrado em choque. Naquele tempo evitava-se entrar em choque; esta é característica daquela estranha época tão misteriosa quanto o estado de espírito de um Alexandre VI e de todo o alto clero do *Cinquecento*. Ao mesmo tempo em que ressurgia, sob a soleira da Igreja, um radiante paganismo na arte, revivia, por detrás da cortina da filosofia escolástica, um antigo paganismo do espírito, oriundo do neoplatonismo e da filosofia naturalista. Entre os representantes desse movimento, foi principalmente o neoplatonismo do humanista Marsílio Ficino que influenciou Paracelso, bem como outros espíritos progressistas e "modernos" daqueles dias. Nada caracterizou melhor o estado de espírito explosivo, revoltoso e futurista daquela época que, tendo ultrapassado de longe o protestantismo, antecipava o século XIX, do que o lema do livro de Agrippa Von Nettesheim, intitulado *De incertitudine et vanitate scientiarum* (1527):

Este Agrippa a ninguém perdoa;
ele despreza, conhece, desconhece, chora, ri,
encoleriza-se, persegue, tudo critica,
é filósofo, gênio, herói, deus e tudo o mais[5].

Iniciava-se uma nova era. A perda da autoridade da Igreja cristã estava iminente fazendo desaparecer, com isso, a segurança metafísica do homem gótico. Enquanto nos países latinos irrompia a Antigui-

---

5. *Nullis hic parcet Agrippa / contemnit, scit, nescit, flet, ridet, / irascitur, insectatur, carpit omnia, / ipse philosophus, daemon, heros, deus et omnia.*

dade em todas as formas, nos países bárbaros e germânicos, onde não houve esse degrau prévio de Antiguidade, impôs-se a experiência primitiva do espírito direto que acontecia em diferentes formas e graus individuais. Essa experiência foi corporificada por grandes e admiráveis pensadores e poetas como Mestre Eckhart, Agrippa, Paracelso, Ângelo Silésio e Jacó Boehme. Todos exprimiam sua originalidade bárbara, mas cheia de força primitiva, através de uma linguagem violenta que prescindia da tradição e da autoridade. Tirando Boehme, Paracelso foi provavelmente o pior dos rebeldes neste sentido. Sua terminologia filosófica é tão arbitrariamente individual que, muitas vezes, supera em obscuridade e extravagância até as "Palavras de Poder" gnósticas.

O mais alto princípio cosmogônico, seu "demiurgo" gnóstico, era o Yliaster ou Hyliaster, uma composição híbrida de novas palavras, ou seja, de *hyle* (matéria) e *astrum* (astro). Poder-se-ia traduzir este conceito como "matéria cósmica". É algo como o *hen* de Pitágoras e Empédocles ou como *heimarmene* dos estoicos, uma concepção da matéria primitiva e da força original. É possível que a formação greco-latina não signifique mais do que uma expressão estilística atualizada, um pequeno invólucro cultural para uma ideia primitiva, a qual também já impressionara os pré-socráticos, sem que Paracelso necessariamente a tivesse herdado deles. Estas imagens primitivas pertencem, na verdade, à humanidade em geral e podem reaparecer em qualquer cabeça de modo "autóctone", independentes do tempo e do espaço. Para seu renascimento, necessitam apenas de circunstâncias propícias. O momento mais oportuno para isso é sempre quando uma visão do mundo desmorona e arrasta consigo todas aquelas formas e estruturas que outrora valiam como resposta definitiva para todos os grandes enigmas da vida e do mundo. Isto, aliás, corresponde inteiramente à regra psicológica. Quando todos os deuses desenraizados se recolhem para cair sobre o homem fazendo-o exclamar *Ipse philosophus, daemon, heros, deus et omnia* (Ele mesmo filósofo, gênio, herói, deus e tudo o mais), e quando uma religião que glorifica o espírito começa a desaparecer, então surgirá em seu lugar, bem no fundo da alma, uma imagem primitiva da matéria criadora.

O maior princípio de Paracelso é uma concepção completamente materialista em rigorosa oposição à cosmovisão cristã. Somente em segundo lugar aparece nele algo de espiritual, ou seja, a *anima mundi* saída da matéria, o *ideos* ou *ides*, o *mysterium magnum* ou

Limbus major, um ser espiritualista, uma coisa invisível e inconcebível. Dentro desse conceito está tudo contido em forma de ideias platônicas, como arquétipos, uma semente que lhe adveio provavelmente de Marsílio Ficino. O Limbo é um círculo. O mundo vivo ao redor é o círculo maior; o homem é o limbo menor, o círculo menor. Ele é o microcosmo. Por isso, tudo está dentro e fora, em cima e embaixo. Entre todas as coisas dentro do círculo maior e menor prevalece a correlação, a *correspondentia*, uma concepção que na ideia de Swedenborg sobre o *homo maximus*, acaba numa gigantesca antropomorfização do universo. Na mais primitiva concepção de Paracelso falta, porém, a antropomorfização. Para ele, homem e mundo são um agregado vivo da matéria, uma concepção que mantém afinidade com o ponto de vista científico do final de século XIX. Há, porém, uma diferença: Paracelso ainda não pensa mecanicamente, em termos de matéria química inerte, mas de maneira animista primitiva. A natureza, para ele, ainda é povoada de bruxas, íncubos, súcubos, diabos, sílfides e ondinas. Para ele, a vivência psíquica é, ainda, uma vivência da natureza. A morte psíquica do materialismo científico ainda não o atingiu, mas ele está preparando o caminho para esse fim. Ele *ainda* é um animista, de acordo com o primitivismo de seu espírito e, no entanto, *já* é um materialista. A matéria, como o absolutamente oposto no espaço, é o inimigo mais natural daquela concentração do ser vivo, que é a alma. Logo o mundo das ondinas e sílfides chegará ao fim e somente na Era do espírito terão festiva ressurreição quando então, surpresos, perguntaremo-nos como foi possível esquecer tão antigas verdades. Contudo, é bem mais fácil admitir que aquilo que não se entende, não existe.

O mundo de Paracelso consiste, tanto em pequena como em grande escala, de partículas vivas, de *entia*. Até as doenças são para ele *entia*, assim como existe um *ens astrorum, veneni, naturale, spirituale e ideale*. Numa carta ao Imperador explicava que a grande epidemia de peste que grassava então parecia ter sido provocada por súcubos gerados em casas de prostituição. O *ens* é também um "ser espiritual", por isso diz em *Buch Paragranum*: "As doenças não são corpos, eis por que o espírito deverá ser usado contra o espírito". Paracelso quer dizer com isso que, de acordo com a teoria da correspondência, para cada *ens morbi* corresponde um *arcanum* da natureza; por exemplo, uma planta ou um mineral seria um específico contra a respectiva doença. Por isso não descrevia as doenças segundo critérios clínicos ou anatômicos, mas segundo seus remédios específicos; por exemplo, havia enfermidades "tartáricas", isto é, aquelas que eram curadas através de seu respectivo arcano, neste caso, o tártaro. Por isso, também, dava grande valor à doutrina das *marcas* que parece ter sido um dos princípios mais importantes da medicina popular daquela época (quer dizer, das parteiras, dos cirurgiões de campanha, das bruxas, dos curandeiros e dos carrascos). Segundo essa doutrina, por exemplo, uma planta cujas folhas tivessem forma semelhante à mão, serviria para curar as doenças das mãos, e assim por diante.

15 A enfermidade significa para ele "um desenvolvimento natural, algo espiritual, vivo, uma semente". Podemos mesmo afirmar que Paracelso encarava a enfermidade como uma constituinte própria e necessária da vida humana e não um odioso *corpus alienum*, como nós a entendemos hoje. Por causa disto, também a doença se assemelha aos arcanos presentes na natureza e que, como constituintes dela, são tão necessários e inerentes à ela quanto as doenças o são para o homem. O mais moderno dos médicos poderia agora apertar a mão de Paracelso, dizendo-lhe: "Eu não penso exatamente igual, mas de maneira bastante parecida". O mundo todo, dizia Paracelso, era uma grande farmácia e Deus, o seu principal farmacêutico.

16 Paracelso é um espírito típico de uma grande época de transição. Seu intelecto, empenhado na busca e na luta, já se libertara de uma visão espiritualista do mundo, mas seus sentimentos ainda permaneciam presos a ela. *Extra ecclesiam nulla salus* – esta frase aplica-se principalmente à transformação espiritual por que passa todo aquele que vai além do círculo de lendas oriundas de antigas e tradicionais imagens religiosas que, como últimas verdades, fechavam seu horizonte: ele perde todos os preconceitos tranquilizadores e benéficos; agora mesmo, seu mundo acaba de desabar e nada ainda se sabe de uma nova ordem de coisas. Ele caiu em pobreza total, tão ignorante como uma criança pequena que ainda desconhece tudo sobre o mundo novo e consegue apenas recordar, de modo penoso e obscuro, o que a experiência humana mais antiga lhe fala pelo sangue. Toda autoridade desapareceu; ele precisa erguer um mundo novo baseado em sua própria experiência.

17 Em longas viagens, durante as quais não desprezou nem as mais obscuras fontes, Paracelso, um pragmático sem igual, formou sua grande experiência. Assim como aceitava, sem preconceitos, a matéria-prima da experiência externa, também extraía das primitivas tre-

vas de sua alma as ideias filosóficas fundamentais de sua obra. Simulando um paganismo antiquíssimo, trouxe à luz as piores superstições da camada mais baixa dos povos. O espiritualismo cristão, em seus primórdios pré-históricos, transformou-se no animismo dos primitivos, de onde a formação escolástica de Paracelso extraiu uma filosofia não identificável com nenhum modelo cristão, mas com o pensamento pertencente aos mais odiados inimigos da Igreja, os gnósticos. Assim como todo inovador inescrupuloso, que rejeita a autoridade e a tradição, também ele corria o risco de voltar ao que outrora fora rejeitado e, com isso, à estagnação mortal e destrutiva. Mas, enquanto seu intelecto vagava à distância e recorria a um passado longínquo, o fato de sua índole se agarrar a valores e bens tradicionais, provavelmente o livrou de uma total regressão. Graças a essa intolerável contradição, a regressão se transformou em progresso. Não renegou o espírito no qual por índole acreditava, mas construiu ao lado dele o contraprincípio da matéria: terra *versus* céu; natureza *versus* espírito. Por causa disso, não se tornou, como Agrippa, um cego destruidor, meio gênio e meio charlatão, mas um pai das ciências naturais, um pioneiro do espírito novo, respeitado até os dias de hoje. Certamente menearia a cabeça, lá no além, se soubesse por que determinadas pessoas atualmente o admiram de modo particular. O "pan-psiquismo" não foi sua descoberta mais árdua – este ainda lhe aderia como reminiscência de sua primitiva *participation mystique* com a natureza –, mas sim a matéria e suas qualidades. O estado de consciência de seu tempo e o grau de desenvolvimento do saber na época não lhe permitiam ver o homem fora da natureza como um todo. Este apogeu estava reservado ao século XIX. A união indissolúvel e inconsciente entre homem e mundo ainda era um dado absoluto contra o qual seu intelecto começava a lutar com as armas do empirismo científico. A medicina moderna não pode mais entender a alma como simples apêndice do corpo e por isso começa a levar cada vez mais em consideração o assim chamado "fator psíquico". Aproxima-se de certa forma novamente da concepção paracélsica da matéria animada pela psique, resultando daí que todo o fenômeno espiritual do próprio Paracelso aparece sob nova luz. Como Paracelso foi outrora o pioneiro da ciência médica, parece-nos que hoje se tornou o símbolo de uma importante modificação em nossa concepção sobre a natureza da doença e sobre a essência da vida em si.

II
Paracelso, o médico[1]

Todos aqueles que conhecem de algum modo as obras desse grande médico que hoje homenageamos, sabem que é impossível, dentro dos limites de uma conferência, dar uma visão abrangente de tudo aquilo que imortalizou o seu nome. Parecia um imenso furacão que arrancava e revolvia tudo o que encontrasse pela frente. Qual vulcão em erupção, atrapalhou e destruiu, mas, simultaneamente, fecundou e deu vida. É impossível fazer-lhe justiça: pode-se apenas subestimá-lo ou sobrestimá-lo; e é por isso que estamos sempre insatisfeitos com o nosso próprio esforço de ao menos captar uma parte significativa do seu modo de ser. Mesmo limitando-nos somente a descrever o "médico" Paracelso, encontramos esse "médico" em planos tão diversos e em tão múltiplas formas, que toda tentativa de descrevê-lo resultará em colcha de retalhos. Também a sua fecundidade literária pouco contribuiu para esclarecer a confusão geral, sem considerar que a controvérsia sobre a autenticidade de algumas de suas obras importantes ainda não foi resolvida e o sem-número de contradições e termos arcanos que fazem dele um dos maiores obscurantistas do seu tempo. Tudo nele tem grandes proporções ou, dito de outro modo, tudo nele é exagerado. Vastos e áridos desertos de palavrório insensato alternam-se com oásis cheios de inspiração, cuja in-

---

1. Conferência proferida por ocasião dos festejos do IV Centenário da Morte de Paracelso, durante a reunião anual da Sociedade dos Pesquisadores de História Natural, na Sociedade Suíça de Medicina e Ciências Naturais, em 7 de setembro de 1941, em Basileia (Suíça). Editada pela primeira vez na *Schweizerische medizinische Wochenschrift* LXXXI/40 (Basileia, 1941) p. 1.153-1.170. Além disso: em C.G. Jung. *Paracelsica. Zwei Vorlesungen über den Arzt und Philosophen Theophrastus.*

tensa luminosidade ofusca e cuja riqueza é tão grande que não conseguimos descartar a desagradável sensação de termos, em algum lugar, deixado o essencial passar despercebido.

Infelizmente não posso me vangloriar de ser um especialista em Paracelso e possuir um conhecimento completo da *Opera omnia Paracelsi*. Quando, por razões profissionais, temos necessidade de aprofundar-nos em outros assuntos além de Paracelso, torna-se quase impossível estudar conscienciosamente 2.600 páginas da edição Huser de 1616 ou a edição completa, bem mais detalhada, de Sudhoff. Paracelso é um oceano ou – mais grosseiramente – um caos e, na medida que é uma personalidade humana historicamente limitada, pode-se classificá-lo como uma espécie de crisol alquimista, dentro do qual homens, deuses e demônios daquela monstruosa época da primeira metade do século XVI devem ter despejado a sua seiva especial. A primeira coisa que nos chama a atenção em seus escritos é o seu temperamento bilioso e briguento. Raivoso, combate em toda a linha os médicos acadêmicos, bem como suas autoridades: GALENO, AVICENA, RHAZES e tantos outros. Fazem exceção (além de HIPÓCRATES) apenas as autoridades em alquimia como Hermes, Arquelau, Morieno e outros que ele citava de bom grado e com reverência. Em geral não combate a astrologia[2] nem a alquimia e nem qualquer uma das superstições populares. Devido a este último fato, sua obra pode ser considerada uma fonte de folclore. Afora os tratados de teologia, bem poucos escritos do próprio Paracelso não continham indícios de sua fanática oposição à medicina acadêmica. Sempre de novo encontramos expressões passionais que refletem toda sua amargura e mágoa pessoal. Salta aos olhos que não se trata mais de crítica objetiva, mas do depósito de suas inúmeras desilusões pessoais que lhe eram particularmente amargas porque não tinha nenhuma consciência de sua própria culpa. Menciono esta circunstância não para elucidar sua psicologia individual, mas para ressaltar uma das principais impressões que o leitor tem ao percorrer os escritos paracélsicos. Aparece praticamente em cada página, de um modo ou de outro, o humano, muitas vezes ou demasiadamente humano, desta forte e estranha personalidade. Dizem ter sido o seu

---

2. Quer dizer, em princípio, não. Certos abusos supersticiosos da astrologia são por ele abertamente condenados.

lema *Alterius non sit, qui suus esse potest*, mesmo que para isso fosse necessário uma vontade pouco delicada e até brutal de independência; realmente não nos faltariam provas literárias e biográficas da existência de tal vontade. A essa rudeza e teimosia rebelde opõem-se, como deve ser, de um lado, a sua lealdade e fidelidade para com a Igreja e, de outro, a sua sensibilidade e intuição em relação aos doentes e, em especial, aos sem recursos.

De um lado, Paracelso é tradicionalista e, de outro, revolucionário. Em relação às verdades fundamentais da Igreja, da astrologia e da alquimia, ele é conservador, mas é cético e rebelde com relação à medicina acadêmica, tanto na teoria como na prática. É provável que ele deva sua fama, sobretudo a esta última circunstância, pois pessoalmente parece-me difícil indicar quais outras descobertas médicas de *natureza fundamental* poderiam ser atribuídas a Paracelso. O fato que hoje nos parece importante, isto é, a introdução da técnica cirúrgica no campo da medicina, não significava para Paracelso o desenvolvimento de uma nova ciência, mas a absorção da arte dos barbeiros e cirurgiões de campanha junto com a das parteiras, bruxas, feiticeiras, astrólogos e alquimistas. Talvez eu devesse desculpar-me junto aos meus leitores pelo pensamento herético de que Paracelso seria hoje, sem dúvida, o advogado de todas aquelas artes que a medicina, representada pelas universidades, nega-se a levar a sério como sejam: a osteopatia, magnetopatia, diagnose oftalmológica, diversas monomanias alimentares, rezas curativas etc. Imaginemos por um momento o estado emocional de nossos professores clínicos durante uma reunião da faculdade na qual também tomassem parte os *Ordinarii* (professores) da diagnose oftalmológica, da magnetopatia e da *christian science*. Compreenderemos então a sensação desagradável que reinava na Faculdade de Basileia quando Paracelso queimava os livros da medicina clássica, dava suas aulas em alemão e, em vez de ir à rua envergando a veste talar, sinal de prestígio dos médicos, saía de avental de laboratório. A magnificência da carreira do "asno selvagem de Einsiedeln" (como era chamado) passou com rapidez fulminante. A terrível irreverência do espírito paracélsico foi demais para os médicos burgueses de então.

Temos em nosso poder o precioso testemunho de um médico contemporâneo, o famoso *Doctor Medicinae*, Conrad Gessner de

Zurique, na forma de uma carta em latim, endereçada ao médico particular do imperador, Crato Von Crafftheim, de 16 de agosto de 1561[3]. De fato, a carta foi escrita vinte anos depois da morte de Teofrasto, mas perdura nela ainda a atmosfera da atuação paracélsica. Nesta carta, Gessner responde a uma indagação de Crato, dizendo não possuir uma relação dos escritos de Paracelso e que também não se esforçaria em obtê-la, porque considerava TEOFRASTO completamente desprovido de qualquer valor para constar entre autores respeitáveis, simples cristãos ou tão somente entre cidadãos honrados (*pios saltem civiliter*: piedosos ao menos civilmente) como eram até mesmo os pagãos. Tanto ele como os seus alunos eram hereges arianos. Ele fora um feiticeiro e havia convivido com demônios. E continua Gessner: "Carolostadius de Basileia, chamado Bodenstein[4], mandou para cá, há poucos meses, um tratado de Teofrasto, *De anatome corporis humani* (Anatomia do corpo humano) para ser impresso. Nele zomba dos médicos que examinam as diversas partes do corpo determinando exatamente sua posição, forma, número e constituição, mas que esquecem o principal, ou seja, a que constelação ou região sideral pertence cada parte".

Gessner termina o seu relatório com a frase lapidar: *Sed typographi nostri imprimere noluerunt* (os nossos tipógrafos se recusaram a imprimi-lo). Podemos deduzir daí que Paracelso não figurava entre os *boni scriptores* (bons escritores). Havia até certa suspeita de que praticava as mais diversas modalidades de feitiçaria – o que é pior – de heresia ariana[5]. Naquele tempo, as duas acusações eram crimes sujeitos à pena de morte. Essas acusações explicam em parte o assim chamado prazer das viagens, ou melhor, a inquietude de Paracelso que jamais o abandonou e o impeliu de cidade em cidade através de meia Europa. Tinha boas razões para preocupar-se com a própria pele. Aquilo que Gessner condena em *Anatome corporis humani* tem sua razão de ser, porquanto Paracelso realmente zombava das dissecações anatômicas que começavam a ser praticadas naquela época,

---

3. *Epistolarum Conradi Gessneri*, libri III, fol. 2 V-r.
4. Adam von Bodenstein, editor de *Vita Longa* e aluno de Paracelso em Basileia.
5. O próprio Paracelso menciona a acusação de "heresiarca" em *Das Buch Paragranum*, p. 18.

porque os médicos na verdade nada viam nos órgãos cortados. O que mais lhe interessava eram as coordenadas cósmicas, conforme as encontrou na tradição astrológica. A doutrina do *Astrum in corpore* (astro no corpo) era mesmo a sua ideia principal e favorita; nós a encontramos em todas as artes de seus escritos. Fiel à concepção do homem como microcosmo, colocava o "firmamento" dentro do corpo do homem denominando-o *astrum* ou *sydus*. Era um céu endossomático cujo trajeto astral não coincidia com o céu astronômico, mas começava com o nascimento do indivíduo, o "ascendente" ou horóscopo.

O exemplo de Gessner mostra-nos como Paracelso foi julgado por um colega não apenas contemporâneo, mas também autoritário. Temos que procurar uma imagem do médico Paracelso através de seus próprios escritos. Por esse motivo, gostaria de dar a palavra ao mestre, na medida do possível; mas como esta palavra está num "alemão um pouco antiquado, mas vigoroso" e, como ele, além disso, usa uma série de estranhas palavras inventadas, terei que intervir com alguns comentários aqui e acolá.

Faz parte da função do médico possuir um saber específico. Também Paracelso é dessa opinião[6]. Ao que parece, ele estudou em Ferrara e lá obteve o diploma de doutor em medicina. Lá também adquiriu conhecimentos da medicina clássica daquele tempo, de Hipócrates, Galeno e Avicena, após já ter recebido de seu pai certo preparo intelectual. Ouçamos, pois, o que ele tem a dizer sobre a arte médica. No *Buch Paragranum* podemos ler[7]:

> "Qual é, então, a arte médica? Deveria saber o que é proveitoso e o que é prejudicial às coisas intangíveis (imperceptíveis), aos *beluis marinis*, aos peixes; o que é agradável e desagradável, saudável e insalubre aos animais: essas são as artes referentes às coisas naturais. O que mais? As benzeduras e sua força, por que e para que atuam assim: o que é *melosina*, o que é *syrena*, o que é *permutatio, transplantatio* e *transmutatio* e como podem ser plenamente compreendidos: o que está aci-

---

6. Isso, porém com uma estranha restrição! Destarte, diz Paracelso, um médico "fictício" necessitaria de cem vezes mais aplicação do que um médico "inato", porque para este último evidentemente tudo viria de uma "luz natural".

7. P. 105.

ma da natureza, o que está acima da espécie, o que está acima da vida, o que é o visível e o invisível, o que produz a doçura e a amargura, o que é o paladar, o que é a morte, o que é útil ao pescador, o que deve saber um seleiro, um curtidor, um tintureiro, um ferreiro e um carpinteiro; o que pertence à cozinha, à adega e ao jardim; o que diz respeito ao tempo; o que sabe um caçador, o que sabe um montanhista; o que convém a um itinerante, o que convém a um sedentário; o que se requer para a guerra, o que faz a paz, o que faz com que alguns sejam clérigos e outros leigos, o que produz cada profissão, o que é cada uma das profissões; o que é Deus, satanás, o que é veneno, o que é antídoto para o veneno; o que há na mulher, o que há no homem, qual a diferença entre mulheres e donzelas, entre o amarelo e o pálido, entre o branco e o preto, entre o vermelho e o magenta; em todas as coisas, por que uma cor aqui e outra acolá, por que curto, por que comprido, por que sucesso, por que fracasso: e o que significa este conhecimento em todas as coisas".

Esta citação nos introduz diretamente no empirismo típico de Paracelso: vemo-lo como um aprendiz vagando pela estrada com todo tipo de "pessoas de vida errante"; vai ao ferreiro da aldeia que, como autoridade em medicina, conhece toda sorte de benzeduras de ferida e de sangue. Escuta um jargão vigoroso de caçadores e pescadores, histórias milagrosas de animais de terra e mar, talvez até sobre o ganso-árvore da Espanha que, na putrefação, transformava-se em tartaruga, ou sobre a fertilidade do vento em Portugal que produzia[8] ratos num feixe de palhas fincado numa haste. O barqueiro conta sobre o *Lorind* que produz "o grito e o som misterioso das águas"[9]. Animais adoecem e curam-se como pessoas. Ouve dos montanheses até mesmo o relato sobre as doenças do metal, sobre a lepra do cobre e coisas parecidas[10]. Tudo isso o médico deveria saber. Ele deveria conhecer os milagres da natureza e a estranha harmonia entre o microcosmo humano e o vasto mundo, e isso não só com o universo visível,

---

8. *Liber Azoth*, p. 578. Afirma ter visto, ele próprio, a transformação do ganso-árvore.
9. *De Caducis*, § II, p. 253s.
10. *Paragranum. A leprositas aeris* (lepra do bronze) é, aliás, uma conhecida ideia alquimista. "É só a ferrugem que dá valor à moeda" (Goethe, *Fausto*, segunda parte).

mas também com os "arcanos" cósmicos, ou seja, os segredos. Defrontamo-nos também, de imediato, com um arcano semelhante, a saber, a *melosina* que o médico também deveria conhecer. A *melosina* é um ser mágico que pertence, de um lado, como o próprio nome já o indica, ao folclore, e de outro, à doutrina esotérica alquimista de Paracelso, conforme o demonstra sua conexão com a *permutatio* e a *transmutatio*. Segundo ele, as melosinas moram no sangue e desde que o sangue é a sede primitiva da alma, temos que supor que ela seja uma espécie de *anima vegetativa*. No fundo, ela nada mais é do que uma variante do *spiritus mercurialis* que nos séculos XIV e XV era apresentado também como um monstro feminino. Infelizmente devo renunciar a um aprofundamento maior dessa figura tão importante na doutrina paracélsica do arcano. Isto nos levaria a entrar demais nos segredos da especulação alquimista. No entanto, se quisermos apresentar o verdadeiro Paracelso, devemos, ao menos, mencionar o balizamento desse espírito medieval.

Voltemos novamente ao tema principal, ou seja, à ciência dos médicos, como Paracelso a vê. Consta no *Buch Paragranum*: o médico "vê e conhece todas as doenças fora do homem"[11], (e em outra parte): "que o médico proceda a partir das coisas externas e não de dentro do homem"[12]. "Por isso o médico proceda a partir do que está diante dos olhos; e a partir do que está diante dele vê o que existe atrás dele, isto é, pela aparência externa ele vê o interior. Somente as coisas externas trazem o conhecimento do interior; de outro modo, nenhuma coisa interior poderia ser reconhecida"[13]. Deve-se deduzir daí que o médico extrai seu saber sobre a doença não do próprio homem doente, mas de outros fenômenos que, aparentemente, nada têm a ver com o homem, como por exemplo, sobretudo a alquimia. "Não conhecendo isto, diz Paracelso, nada saberão então sobre o arcano: e não sabendo o que o cobre provoca e o que o vitríolo produz, então também não sabem o que provoca a lepra: não sabendo o que a ferrugem faz ao ferro também não saberão o que causa as úlceras: e se não souberem o que provoca os tremores de terra, também não sa-

---

11. *Paragranum*, p. 33.
12. Op. cit., p. 39.
13. Op. cit., p. 53.

berão o que provoca as gélidas nevadas. As coisas externas indicam e denunciam aquilo de que o homem sofre (o que provoca a doença), mas o homem mesmo não demonstra a sua doença"[14].

Observa-se, por exemplo, que o médico reconhece a doença do homem através das doenças dos metais. Ele tem que ser um *alquimista*. Ele deve utilizar a *scientia alchimiae* não "da maneira como o fazem os farmacêuticos da Escola de Montpellier [...] com suas poções repugnantes que são imundície tal que até os porcos preferem seus restos de comida"[15]. Ele precisa conhecer a saúde e as doenças dos elementos[16]. As *species lignorum, lapidum, herbarun* existem da mesma forma *também no homem*, por isso o médico deve conhecê-las igualmente. O ouro, por exemplo, é um "fortificante natural" no homem[17]. Existe uma arte "externa de alquimia", mas também uma *alchimia microcosmi* que é o processo da digestão. De acordo com Paracelso, o estômago seria o alquimista no ventre. Em primeiro lugar é necessário que o médico conheça alquimia a fim de produzir os medicamentos, principalmente os chamados arcanos com o *aurum potabile*, a *tinctura rebis*, a *tinctura procedens*, o *elixir tincturae* e assim por diante[18]. Como tantas outras vezes, Paracelso zomba aqui de si mesmo e "nem sabe como" se dirige assim aos médicos acadêmicos: "Vocês todos falam baboseiras; fabricaram dicionários e vocabulários estranhos. Ninguém pode olhá-los sem ser levado pelo nariz; e, no entanto, as pessoas são mandadas à farmácia com este jargão incompreensível, quando podem encontrar remédios melhores em seu próprio jardim"[19]. Os remédios arcanos desempenham na terapia paracélsica um papel importante, sobretudo no tratamento das doenças mentais. Eles resultam de um processo alquímico. "Pois nos arcanos, diz Paracelso, a pedra aromática se torna jacinto; a pedra do fígado, alabastro; a pedra de fogo, granada; a argila, um bolus precioso; a areia, pérolas; as urtigas, maná; a úngula, um bálsamo. Dentro disso

---

14. Op. cit., p. 35 [grifo de Jung].
15. *Labyrinthus medicorum*, cap. V, p. 166.
16. Op. cit., cap. III, p. 158s.
17. Op. cit., cap. IV, p. 161.
18. *De morbis amentium tractatus secundus*, cap. VI, p. 73.
19. *Paragranum*, p. 33.

estão as descrições das coisas, e é nessas coisas que o médico deve basear-se"[20]. E finalmente Paracelso exclama: "Pois não é verdade que Plínio nunca comprovou nada? O que foi então que ele escreveu? O que ele ouviu dos alquimistas. Se não sabes nem conheces quem eles são, és um charlatão"[21]. O médico precisa, pois, de conhecimentos alquimistas a fim de poder, por analogia, diagnosticar as doenças das pessoas, partindo das doenças dos minerais. E, finalmente, ele mesmo é o sujeito, ou melhor, o objeto do processo da transformação alquimista. Assim torna-se "maduro", isto é, evoluído.

28 Esta observação de difícil compreensão refere-se, no entanto, à doutrina secreta, ao arcano. Pois a alquimia não é só um empreendimento químico como o entendemos hoje, mas – e isto talvez no mais alto grau – um processo de transformação filosófica, quer dizer, uma estranha modalidade de ioga, no sentido de que também a ioga visa a uma transformação psíquica. Por causa disso os alquimistas colocaram a *transmutatio* paralelamente à simbólica de transformação da Igreja cristã.

29 O médico não deve ser apenas alquimista, mas também *astrólogo*[22], pois uma segunda fonte de conhecimento é o *firmamento* ou o *céu*. Em *Labyrinthus medicorum*, diz Paracelso que as estrelas no céu "devem ser agrupadas" e o médico deveria "tirar daí a sentença do firmamento"[23]. Sem esta arte de interpretação das constelações astrais, o médico seria um *pseudomedicus*. Pois o firmamento não é um mero céu estrelado cósmico, mas um corpo que, por sua vez, é uma parte ou o conteúdo do corpo humano visível. "Onde está o corpo, diz ele, aí também se reúnem as águias [...] E onde se encontra a medicina, aí se reúnem os médicos"[24]. O *corpus* do firmamento é o correspondente[25] corpóreo do céu astrológico. E uma vez que a constelação astrológica

---

20. Op. cit., p. 65.
21. Op. cit., p. 80 e 83.
22. Paracelso, no fundo, não faz diferença entre astronomia e astrologia.
23. Cap. II, p. 156.
24. Op. cit., p. 157.
25. No homem, um *corpus* corresponde a um astro superior (*Paragranum*, p. 49). Como no céu, assim também as estrelas pairam livres no corpo, sem se misturarem, tendo efeito invisível como o arcano (op. cit., p. 50).

possibilita o diagnóstico, indica também a terapia. Nesse sentido pode-se dizer também que o remédio se encontra no firmamento. Os médicos "se reúnem" em volta do *corpus* do firmamento como as águias em volta da carniça porque, como diz Paracelso ao fazer uma comparação pouco elegante, a "carniça da luz natural" encontra-se no firmamento. O *corpus sydereum* é, em outras palavras, a *fonte da iluminação* pela *lumen naturae*, pela "luz natural", que desempenha um dos mais importantes e proeminentes papéis, não só nos escritos do nosso autor, mas também em todo o seu pensamento. Esta concepção intuitiva, na minha opinião, é uma das realizações mais importantes na história da filosofia. Por causa disso, porém, ninguém pretenda invejar Paracelso pela sua fama imorredoura. É verdade que esta concepção influenciou seus contemporâneos e mais ainda os pensadores místicos posteriores. Mas sua importância para a filosofia em geral e para a teoria do conhecimento em particular ainda não atingiu a capacidade evolutiva máxima. O futuro ainda terá muito a dizer.

O médico deve reconhecer este céu interior. "Pois conhecendo apenas o céu exterior ele permanece um astrônomo e um astrólogo: no entanto, organizando-o no homem, conhecerá dois céus. Estes dois céus darão ao médico o conhecimento da parte influenciada pela esfera superior. Nela, sem infirmação, o médico deve estar presente para que encontre a *caudam draconis* (cauda do dragão) no homem e conheça *arietem* (áries), *axem polarem* (eixo polar) e sua *lineam meridionalem* (linha meridional), seu Oriente e Ocidente. [...] Através do exterior ele vê o interior. [...] Portanto há no homem um firmamento como no céu, não em um bloco único, mas em dois. Porque a mão que separou a luz da escuridão e a mão que fez o céu e a terra também agiu assim embaixo, no microcosmo, retirando da parte de cima e colocando dentro da pele do homem tudo o que o céu contém. Por isso, para nós, o céu externo é um indicador do céu interior: então, quem quererá ser um médico que não conheça o céu externo? Assim estamos no mesmo céu que se estende diante de nossos olhos: o céu em nós não se encontra diante de nossos olhos, mas atrás dos olhos, por isso não o podemos ver. Então, quem é que enxerga através da pele? Ninguém"[26].

---

26. *Paragranum*, p. 52s.

31   Isto nos leva, sem querer, a pensar na famosa expressão de Kant: o "céu estrelado sobre mim" e a "lei moral em mim", cujo "imperativo categórico", psicologicamente falando, substituiu de modo perfeito a *heimarmene* (compulsão dos astros) dos estoicos. Não há dúvida de que, neste caso, a intuição de Paracelso tenha sido influenciada pela ideia hermética básica do "céu em cima" e "céu embaixo"[27]. Em sua concepção sobre o céu interior, ele se baseou numa imagem eterna primordial que foi implantada nele e em todos os homens e torna a aparecer em todos os tempos e lugares. Em cada ser humano, diz ele, existe um céu particular, inteiro e intacto. "Então uma criança que é concebida já tem o seu próprio céu"[28]. "Assim como se apresenta o céu, assim é impresso no nascimento"[29]. O homem tem "seu pai [...] no céu e também no ar; é uma criança feita e nascida do ar e do firmamento". Existe uma *linea lactea* no céu e em nós. A galáxia passa pelo ventre[30]. Os polos e o zodíaco estão igualmente dentro do corpo humano. "Torna-se então necessário que um médico conheça, entenda e saiba os ascendentes, as conjunções, a exaltação dos planetas etc., e todas as constelações: conhecendo estas coisas externamente no Pai, irá conhecê-las em todo homem, mesmo que o número de homens seja tão grande e que vocês (médicos) sejam muitos: onde encontrar a saúde, a doença, o começo, a saída, o fim, a morte. Assim o céu é o ser humano e o homem é o céu, e todos os homens um só

---

27. Paracelso conhecia, em todo caso, o texto da Tabula *smaragdina*, que é a autoridade clássica da alquimia na Idade Média. O texto é o seguinte: "Quod est inferius, est sicut quod est superius. Quod est superius, est sicut quod est inferius. Ad perpetranda miracula rei unius" (O que está embaixo é como o que está em cima. O que está em cima é como o que está embaixo para realizar os milagres de uma só coisa).
28. *Paragranum*, p. 57.
29. Op. cit. p. 57.
30. Op. cit., p. 48; cf. descrição explícita em *De ente astrali* (*Fragmenta ad Paramirum*, p. 112s.): "O céu é um espírito / e uma brisa / dentro da qual vivemos como um pássaro no tempo. Não só as estrelas / ou a lua / etc. fazem o céu / mas existem estrelas entre nós / essas mesmas também o fazem / e nós não as vemos, mas estão em nós... "Duplex est Firmamentum, Coeli et Corporum, et illa habent concordantiam ad inuicem, et non Corpus ad Firmamentum..." (O firmamento é duplo: o do céu e o dos corpos; ambos concordam entre si, e não o corpo com relação ao firmamento)... a força do homem vem do firmamento superior / e toda a sua força está nele. Conforme este seja forte ou fraco, assim também será o firmamento no corpo...".

céu e o céu um só homem"³¹. O chamado "Pai do céu" é o próprio céu estrelado. O céu é o *homo maximus* e o *corpus sydereum* é, se assim pudermos falar, o representante do *homo maximus* no *individuum*. "Agora, o homem não nasceu do homem: o primeiro homem não tinha progenitor, mas foi criado e dos *creatis* se constituiu o limbo e do limbo resultou o homem e o homem continuou sendo do limbo. E como ele assim permaneceu deverá ser apreendido através do Pai e não a partir dele mesmo, por que está fechado dentro da pele (e ninguém pode enxergar através disso e seus efeitos não são visíveis nele). Pois o céu exterior e o seu céu são um único céu, mas em duas partes. Um pai e um filho são dois, mas existe uma só anatomia; conhecendo-se um, conhece-se também o outro"³².

O Pai do céu, na verdade o grande homem, também adoece permitindo ao médico fazer seus diagnósticos e prognósticos humanos. No entanto, como diz Paracelso, o céu é o seu próprio médico, "como um cão o é de suas feridas", o que, no entanto, não acontece com o homem. Por isso, como diz ele, deverá o homem "buscar no Pai o foco da doença e da saúde. E perceber que tal membro é de Marte, tal outro de Vênus ou da Lua" etc.³³ O que, na prática, quer dizer que o médico deverá tirar suas conclusões sobre a doença e a saúde através da condição do Pai, ou seja, do céu. Para falar a verdade, a constelação é etiológica. "Ora, diz ele, toda infecção começa na constelação e da constelação continua mais tarde no homem: quer dizer que sendo o céu favorável a isso, começará então no homem. Agora, não é que o céu tenha entrado no homem – não se deve falar bobagens a respeito disso –, mas os astros copiam no homem, como foi determinado pela mão de Deus, aquilo que o céu externamente inicia e gera e, por isso, depois segue no homem. É como o sol que brilha através de um vidro e a lua lança sobre a terra sua luz: isto, porém, não é contra o homem, pois não deteriora o seu corpo causando doenças. Tampouco como o sol não desce à terra, assim os astros não entram no homem e seus raios não dão nada ao homem. Os *corpora*

32

---

31. *Paragranum*, p. 56.
32. Op. cit., p. 55 [grifo de Jung].
33. Op. cit., p. 60.

(corpos) devem fazê-lo e não os raios, e estes são *corpora microcosmi astralia* (corpos astrais do microcosmo) que herdam o modo do pai"[34]. Os *corpora astralia* são equivalentes ao já mencionado *corpus sydereum sive astrale* (corpo celeste ou astral). Numa outra passagem diz ele "do Pai vêm as doenças"[35] e não do homem, assim como também o caruncho não vem da madeira.

33   A mesma importância que os astros têm para o diagnóstico e prognóstico também a terão para a *terapia*. "Daqui provém a causa por que o céu te é desfavorável e não quer orientar o teu remédio e assim nada consegues: o céu deverá orientá-lo por ti. Por causa disto, a arte encontra-se aqui neste lugar. Por isso não se deve dizer que melissa é uma erva boa para o útero, que majorana é boa para a cabeça: desta maneira falam os ignorantes. Estas coisas existem em Vênus e na Lua e se quiseres que tenham o efeito que desejas terás necessidade de um céu favorável, caso contrário não haverá efeito. É aí que está o erro que se tornou preponderante na medicina: distribuir remédios; se der resultado, deu. Qualquer criado camponês pode fazer isto, não sendo necessário conhecer Avicena ou Galeno"[36]. Quando o médico coloca o corpo astral, quer dizer, o Saturno fisiológico (o baço), ou ainda Júpiter (o fígado), em conexão certa com o céu, então, no dizer de Paracelso, está o médico "no caminho certo". "E que ele saiba, depois disso, submeter um ao outro o Marte astral e o Marte físico (mais precisamente o *corpus astrale*) para a conjunção e união: aí é que está o que nenhum outro médico até mim percebeu. Portanto, é preciso compreender que os medicamentos devem ser preparados nos astros para que se tornem astrais. Pois os astros superiores fazem adoecer e matam, mas também curam. Agora, se alguma coisa deve ser feita, não poderá sê-lo sem os astros. E se for feito com os astros, então a preparação deve ser completada. ao mesmo tempo em que o remédio é produzido e preparado pelo céu"[37]. O médico deve "reconhecer a espécie dos remédios de acordo com os astros e saber que

---

34. Op. cit., p. 54.
35. Op. cit., p. 48.
36. Op. cit., p. 73.
37. Op. cit., p. 72s.

existem astros em cima e embaixo. E uma vez que o remédio nada pode sem o céu, deverá ser guiado pelo céu". Isto quer dizer que a influência astral deve orientar também o procedimento alquimista, ou seja, a produção dos remédios arcanos. Diz então Paracelso: "O movimento do céu dirige o rumo e as normas do forno no Atanar[38]. Então a virtude que está na safira é dada pelo céu através de *solutio*, *coagulatio* e *fixatio*"[39]. Sobre o emprego prático dos medicamentos, diz ele: o remédio "depende da vontade dos astros e é dirigido e levado pelos astros. Logo, aquilo que pertence ao cérebro será levado ao cérebro através da Lua; o que pertence ao baço será levado ao baço através de Saturno; o que pertence ao coração será dirigido ao coração pelo Sol; enfim aos rins através de Vênus, ao fígado através de Júpiter e à vesícula biliar através de Marte. É assim, não só com aqueles (órgãos), mas também com todos os outros que não poderíamos mencionar aqui"[40].

Os nomes das doenças deveriam igualmente estar correlacionados com a astrologia, como a anatomia que, no entender de Paracelso, como aliás já mencionamos, nada mais é do que a estrutura astrofisiológica do homem. Segundo ele, a anatomia deve ser entendida como uma "concordância com a *machina mundi*", o que, porém, nada tem a ver com a concepção de Vesálio. "Não basta abrir o corpo, como um camponês que olha para um saltério"[41]. A anatomia significa algo como uma análise. Assim diz ele: "A mágica é a *anatomia medicinae* [...] A mágica disseca os *corpora* do remédio"[42]. Mas anatomia significa para ele também algo como uma recordação da primordial e inata sabedoria do homem que lhe é revelada através da *lumen naturae*. Diz ele no *Labyrinthus medicorum*: "Quanto cuidado e trabalho necessitou o *Mille Artifex*[43] para banir essa anatomia da memória do homem a fim de que ele se esquecesse desta arte nobre, conduzindo-o a vãs imaginações e outras fantasias onde não existe arte,

---

38. O forno alquimista.
39. *Paragranum*, p. 77.
40. Op. cit., p. 73. Trata-se aqui novamente de imagens alquimistas antigas.
41. *Labyrinthus medicorum*, cap. IV, p. 162.
42. Op. cit., cap. IX, p. 177.
43. O diabo.

consumindo assim inutilmente o seu tempo na terra. Além disso, aquele que nada sabe, nada ama... No entanto, aquele que compreende, este, sim, ama, percebe e vê"[44].

35   Quanto aos nomes das doenças, é de opinião que deveriam ser escolhidos segundo o zodíaco e os planetas, o que seria mais ou menos assim: *Morbus leonis, sagittarii, martis* etc. Mas ele mesmo não se ateve muito a isto. Muitas vezes esquecia-se de como denominara certa coisa e, então, inventava um novo nome, o que, diga-se de passagem, não facilita em nada a compreensão de seus escritos.

36   Assim podemos verificar que, no entender de Paracelso, a etiologia, o diagnóstico, o prognóstico, a terapia, a terminologia patológica, a farmacologia e a preparação de medicamentos estão todos diretamente relacionados com os dados astrológicos e – *last but not least* – também as vicissitudes da prática médica. É assim que ele se dirige a seus colegas: "Todos vocês, médicos, devem se conscientizar de que conhecem a causa da felicidade e da infelicidade: se não possuírem este conhecimento, abstenham-se de receitar remédios"[45]. Isto poderia significar que, sendo desfavoráveis as indicações obtidas pelo horóscopo do doente, o médico tinha a oportunidade de esquivar-se a tempo, o que aliás era boa medida, tendo em vista a rudeza daquela época, conforme a conhecemos através da biografia do grande Cardano.

37   No entanto, o médico não deverá ser apenas alquimista e astrólogo, mas também *filósofo*. O que é que Paracelso entende por "filosofia"? Antes de mais nada, filosofia tinha para ele um sentido totalmente diverso do nosso conceito atual. Para ele tratava-se – por assim dizer – de um assunto secreto. Não podemos esquecer que Paracelso é alquimista por inteiro e cultiva a filosofia naturalista antiga que, contrastando com o nosso conceito moderno, significava muito mais vivência do que raciocínio. Na tradição alquimista, *philosophia, sapientia* e *scientia* são essencialmente idênticas. Embora, de um lado, elas sejam manipuladas como ideias abstratas, de outro lado são estranhamente apresentadas como contidas[46] dentro da matéria e de-

---

44. *Labyrinthus medicorum*, cap. IX, p. 178.

45. *Paragranum*, p. 67.

46. O resultado disso é o estranho, mas característico uso idiomático alquimista, como, por exemplo: "Illud corpus est locus scientiae, congregans illam" [Aquele corpo é o lugar da ciência, congregando-a]. (MYLIUS. *Philosophia reformata*, p. 123).

nominadas de acordo com ela. Elas aparecem como mercúrio, ou *Mercurius*; chumbo, ou *Saturnus*; ouro, ou *aurum non vulgi*; sal, ou *sal sapientiae*; água, ou *aqua permanens* etc. Isto quer dizer: estas matérias são arcanos e, como elas, também a filosofia é um arcano. Na prática, isto significa que a filosofia se acha, de certa forma, oculta dentro da matéria, podendo por isso também lá ser encontrada[47]. Evidentemente trata-se aqui de projeções psicológicas, de um estado mental primitivo, ainda bem evidente na época de Paracelso, cujo principal sintoma era a *identidade inconsciente* do sujeito e do objeto.

Pareceu-me importante antecipar estas observações porque poderiam facilitar a compreensão do conceito da filosofia paracélsica. Paracelso pergunta: "O que é a natureza senão a filosofia?"[48] Ela está dentro e fora do homem. Ela é como um espelho e este espelho consiste nos quatro elementos, pois é nos elementos que se espelha o microcosmos[49]. Pode-se reconhecê-lo pela sua "mãe"[50], isto é, pela "matéria" dos elementos. Na verdade, há "duas filosofias", isto é, a da *sphaera* superior e da inferior. A inferior diz respeito aos *minera*; a superior, aos *astra*[51]. A última se refere à astronomia, o que vem demonstrar o quanto era pequena para Paracelso a diferença entre o conceito da filosofia e da ciência. Isto se torna bem claro quando ficamos sabendo que a filosofia se relaciona com a terra e a água, e a as-

---

47. O *Liber quartorum* (século X) fala diretamente da "extração dos pensamentos". O texto é o seguinte: "Sedentes super flumina Eufrates, sunt Caldaei, stellarum periti, et judiciorum earum, et sunt priores, qui adinvenerunt extrahere cogitationem" (Estabelecidos às margens do Eufrates, os caldeus são peritos em estrelas e nos prenúncios delas, são os primeiros que conseguiram extrair delas o pensamento). Esses habitantes das margens do Eufrates são provavelmente os sabeus ou arameus. Devemos a suas atividades eruditas a transmissão de toda uma série de tratados de ciências físicas e naturais, oriundas de Alexandria. Como em Paracelso, já aqui encontramos a ligação entre a transformação alquimista e as influências dos astros. Assim consta (no mesmo lugar): "Qui sedent super flumina Eufrates, converterunt corpora grossa in speciem simplicem, cum adiutorio motus corporum superiorum" etc. (*Theatrum chemicum*, vol. V, p. 144) [Os que habitam as margens do Eufrates converteram os corpos complexos em formas simples, com o auxílio do movimento dos corpos superiores]. Cf. *extrahere cogitationem* (extrair conhecimento) com *attrahere scientiam atque prudentiam* (atrair ciência e prudência).
48. *Paragranum*, p. 26.
49. Op. cit., p. 27.
50. Op. cit., p. 28.
51. Op. cit., p. 13; bem como p. 33.

tronomia, ao contrário, com o fogo e a luz⁵². A filosofia é o reconhecimento da esfera inferior. Ela é, como a *scientia*, inata em todas as criaturas da natureza; assim sendo, a pereira carrega apenas as peras de sua própria ciência. A ciência é uma "influência" *escondida na natureza*. Ela também está oculta no homem, e é preciso usar a mágica para revelar esse *arcanum*. Todo o resto, como ele diz, "é fantasia vã e tolice de onde surgem as fantasias". Esse dom da *scientia* deve ser elevado "alquimisticamente ao mais alto grau"⁵³. Isto quer dizer que a *scientia* será destilada, sublimada e sutilizada como uma substância química. Quando as *scientiae* da natureza não estão no médico, diz ele: "tagarelas aqui e ali e nada sabes ao certo a não ser o palavrório que te sai da boca"⁵⁴.

39 Portanto, não é de se estranhar que também a filosofia seja uma prática. Em seu *Fragmenta medica* diz: "Dentro da filosofia encontramos o conhecimento, o glóbulo de tudo, isto através da prática. Pois a filosofia nada mais é do que *practica globuli* ou *sphaerae* [...] A filosofia ensina a força e a qualidade das coisas terrestres e aquáticas... Por isso te falo em relação à filosofia, assim como há um filósofo na terra, há também um no homem; pois um filósofo é da terra, outro da água" etc.⁵⁵ Consequentemente, existe dentro do homem um *philosophus*, assim como existe um alquimista, sendo que este último, como já foi dito, nada mais é do que o próprio estômago. Esta mesma função filosofadora também se encontra na terra da qual, se for conveniente, poderá ser "extraída". O nosso texto faz alusão à *practica globuli*, que significa o tratamento alquimista da *massa globosa*, ou *prima materia*, a verdadeira substância do arcano. A filosofia é, portanto, um método alquimista⁵⁶. Segundo Paracelso, o conhecimento filosófico é realmente uma atividade do objeto, por isso chama de *Zuwerffen* (o objeto lança para o homem seu sentido). "A árvore [...] sem usar o alfabeto, indica o nome árvore" e demonstra, de certa forma,

---

52. Op. cit., p. 47.
53. *Labyrinthus medicorum*, cap. VI, p. 168.
54. Op., cit., cap. VI, p. 170.
55. *Fragmenta medica*, Liber quatuor columnarum medicinae, p. 132.
56. Paracelso aparece aqui igualmente como um alquimista conservador. Já na Antiguidade a alquimia qualificava seu quádruplo *procedere* como τετραμερεῖν τὴν φιλοσοφίαν "a divisão da filosofia em quatro partes" (BERTHELOT, *Collection des anciens alchimistes grecs*, III, XLIV, 5, p. 219).

aquilo que é e o que contém, assim como as constelações que também possuem sua "sentença sideral". Por isso Paracelso pode dizer que é o *Archasius* no homem⁵⁷ que atrai *scientiam atque prudentiam*. Sim, ele reconhece com grande modéstia: "O que é que o homem descobre por si ou através de si mesmo? Nem um paninho suficiente para fazer calças"⁵⁸. De mais a mais, não foram poucas as artes médicas "reveladas pelo diabo e pelos espíritos"⁵⁹.

Não gostaria de acumular citações. Daquilo que já foi exposto, poderíamos concluir que também a filosofia do médico é uma questão secreta. Assim, é quase natural que Paracelso se tornasse um grande admirador da *magia* e da *ars cabbalistica*, a "Gabal". Quando um médico desconhece a magia, "torna-se um alienado e complacente em medicina, atitude esta muito mais perto da fraude do que da verdade [...] A mágica é *praeceptor* e *paedagogus*"⁶⁰. Consequentemente, Paracelso também projetou inúmeros amuletos e *sigilla*⁶¹ adquirindo assim, não sem culpa, uma das piores reputações por prática de feitiçaria. Dos futuros médicos diz ele – e esta previsão para os tempos vindouros, partindo dele, é realmente bastante característica: "Eles tornar-se-ão *geomantici* e *adepti*; serão *archei* e *spagyri*; terão o *quintum esse*" etc.⁶² Se o sonho químico da alquimia se tornou realidade, Paracelso então realmente previu a medicina química de hoje.

40

---

57. *Archasius* certamente idêntico a *Archeus*, calor vital interno, o chamado Vulcano. Parece localizar-se no ventre onde cuida da digestão e produz "alimento", assim como o *Archeus Terrae* produz metais. É o alquimista da terra que gradua "o fogo mineral nas montanhas" (*De transmutationibus rerum naturalium*, lib. VII, 305). Também essa ideia não é original. Já a encontramos no *Liber quartorum* dos arameus. O *Archeus* é chamado aí de *Alkian* ou *Alkien*. "Alkian est... spiritus nutriens et regens hominem, per quem fit conversio nutrimenti, et generatio animalis, et per ipsum consistit homo...", vol. V, p. 152 [Alkien é... um espírito que nutre e rege o homem pelo qual se faz a conversão do alimento e a geração do animal e por ele o homem se mantém]. "Alkien terrae, est Alkien animalis: In finibus terrae... sunt vires..., sicut vires animalis [sic] quas vocant medici alkien" (Op. cit., p. 191) [Alkien da terra, é Alkien dos animais: nos confins da terra... há forças... assim como as forças do animal [sic] que os médicos chamam Alkien].
58. *Paragranum*, p. 98.
59. *Von dem Podagra*, p. 145.
60. *Labyrinthus medicorum*, cap. IX, p. 177.
61. *Archidoxis magicae*, Huser II, décima parte: catálogo (cf. Sudhoff XIV, p. 437s.).
62. *Paragranum*, p. 21.

41 Antes de terminar minha exposição, infelizmente bastante sumária, quero ressaltar um aspecto muito importante de sua terapia, a saber, a *psicoterapia*. Paracelso ainda conhece o método antiquíssimo de "conversar a doença", do qual já o *Papyrus Ebers* nos fornece exemplos bem típicos do Egito Antigo[63]. Paracelso chama esse método de *theorica*. Existe, como ele diz, uma *theorica essentiae curae* (teórica da essência da cura) e uma *theorica essentiae causae* (teórica da essência da causa), mas, conforme acrescenta logo adiante: "as duas, a *theorica curae et causae*, estão interligadas uma com a outra". Aquilo que o médico tem a dizer ao doente provém da própria natureza do médico: "Assim, ele terá que ser completo, do contrário nada poderá descobrir". A luz da natureza deverá dar-lhe a instrução, quer dizer, ele deverá agir intuitivamente, pois somente através da iluminação poderá compreender o *textus libri naturae* (texto do livro da natureza). O *theoricus medicus* terá, portanto, que falar por Deus, pois foi Deus quem criou o médico[64] e o remédio; assim como o teólogo obtém a sua verdade da Escritura Sagrada, assim o médico a tira da luz da natureza. A *theorica* é para ele *religio medica*. Dá um exemplo como se pode praticar a *theorica* e como falar ao paciente: "Ou alguém *hydropicus* diz que o fígado dele esfriou etc. E então estarão inclinados à hidropsia: e estas *rationes* são muito precárias. Se, no entanto, disseres que é um sêmen meteórico que se torna chuva e a chuva se precipita lá de cima pelos *mediis interstitiis* para dentro da parte inferior e desse sêmen advirá uma água, um lago, um mar: neste caso, acertaste. É como se visses um céu límpido e bonito no qual não há uma nuvem: de repente eleva-se uma nuvenzinha que cresce e aumenta transformando-se dentro de uma hora numa grande chuva, em granizo, num aguaceiro etc. É assim que devemos teorizar sobre os fundamentos da medicina na doença, conforme foi dito"[65]. Percebe-se como esta conversa deve exercer uma influência sugestiva sobre o doente. A comparação meteorológica leva a uma precipitação: logo a seguir, as comportas do corpo serão abertas e a ascite escoará. Também nas do-

---

63. Século XVI a.C.; cf. Ebers, *Papyros Ebers. Das hermetische Buch über die Arzneimittel der alten Ägypter.*

64. Deus teria uma grande preferência pelo médico entre todos os outros acadêmicos. Assim sendo, este não poderia ser um "homem mascarado", mas autêntico (*Paragranum*, p. 95).

65. *Labyrinthus medicorum*, cap. VIII, p. 175s.

enças orgânicas não devem ser subestimados estes estímulos psíquicos. Estou plenamente convencido de que mais de uma cura mágica do nosso mestre deve ser atribuída à sua extraordinária *theorica*.

Sobre a atitude do médico com relação ao doente, Paracelso tem muita coisa boa a dizer. Para terminar, gostaria de citar, entre suas inúmeras declarações, algumas poucas, mas belas palavras tiradas do *Liber de caducis*[66]. "Em primeiro lugar, e antes de mais nada, é preciso mencionar a compaixão que deve ser inata no médico. [...] Onde não existir amor não haverá arte". Médico e remédio "nada mais são do que caridade dada aos necessitados por Deus". Do "trabalho com amor" será alcançada a arte da medicina. "O médico deve estar imbuído com não menos compaixão e amor do que Deus tem para com os homens. [...] A compaixão é o mestre-escola do médico. [...] Eu abaixo do Senhor, o Senhor abaixo de mim. Eu abaixo dele fora de minhas funções e Ele abaixo de mim fora de suas funções. Então um está sempre subordinado à função do outro e, neste amor, um subordinado ao outro". O médico é o "instrumento por cujo intermédio a natureza é levada à obra... O remédio cresce espontaneamente e surge da terra, destarte nós nada criamos". O que o médico faz não é obra sua. "O exercício desta arte está no coração: sendo teu coração falso, também será falso o médico dentro de ti. [...] Não se diga como o desesperado satanás: é impossível". Por isso devemos confiar em Deus, pois antes "falarão contigo as ervas e raízes e nelas estará a força de que necessitas. [...] O médico partilhou do banquete ao qual os convidados não compareceram".

Com isso cheguei ao fim da minha exposição. Sentir-me-ei feliz se tiver conseguido transmitir pelo menos algumas impressões sobre a estranha e genial personalidade, bem como sobre a força espiritual do famoso médico que, não sem razão, era apontado por seus compatriotas como o *Lutherus medicorum*. Paracelso é uma daquelas grandes figuras da Renascença que, até hoje, após quatrocentos anos, ainda representa para nós, por causa de seus insondáveis abismos, uma grande problemática.

---

66. Paragraphus primus, p. 245-249.

III
Sigmund Freud,
um fenômeno histórico-cultural[1]

A pretensão de fazer considerações históricas sobre alguém que ainda vive é sempre tarefa difícil e perigosa. Mas tendo diante dos olhos a obra toda e o sistema de pensar de alguém, como tenho agora os de Freud, é bem mais fácil compreender sua importância e condicionamento históricos. Sua doutrina que, nos traços essenciais, deveria hoje ser conhecida por todo leigo de certa cultura, não tem ramificações ilimitadas nem tampouco encerra elementos desconhecidos cujas origens estariam em outras ciências; baseia-se, em última análise, em alguns poucos e transparentes princípios que dominam e penetram com exclusividade toda a matéria do pensamento de Freud. Além disso, o autor desta doutrina também a identificou com o seu método de "psicanálise", criando com isso um sistema rígido que, com toda razão, foi acusado de absolutismo. Por outro lado, o destaque extraordinário dado a esta teoria na história da ciência tem a vantagem de se projetar, como fenômeno original e estranho, contra seu fundo filosófico e científico. Em nenhum lugar ela se confunde com outras concepções contemporâneas nem tampouco se relaciona conscientemente com um procedimento histórico-intelectual. Esta impressão de não relacionamento será ainda aumentada por uma es-

---

1. Publicado pela primeira vez em *Charakter. Eine Vierteljahresschrift für psychodiagnostische Studien und verwandte Gebiete* I/1 (Berlim, setembro de 1932). Jung era colaborador desta revista, junto com Alfred Adler, Gordon W. Allport, Manfred Bleuler, Lucien Lévy-Bruhl e outros. Mais tarde saiu em C.G. Jung, *Wirklichkeit der Seele* (cf. Referências).

tranha terminologia que chega às vezes a parecer um jargão subjetivo. Tudo leva a crer que esta doutrina, como também Freud o queria, nasceu exclusivamente no consultório médico e, exceto ele mesmo, foi mal recebida, significando um espinho na carne da ciência "acadêmica". Porém, a ideia, por mais original e independente que seja, não cai do céu, mas resulta de um emaranhado objetivo de raízes dentro do qual todos os contemporâneos – queiram ou não reconhecê-lo conscientemente – estão intimamente ligados.

As condições históricas que precederam Freud tornaram necessária a aparição de um fenômeno igual a ele e foi exatamente a ideia central de sua doutrina – a repressão sexual – que sofreu o condicionamento histórico-cultural mais acentuado. Freud situa-se, como o seu maior contemporâneo espiritual Nietzsche, no fim da época vitoriana e que ainda não recebeu nenhum nome adequado no Continente, embora nos países germânicos e protestantes fosse ela tão característica como nos países anglo-saxões. A época vitoriana é a época da repressão, uma obstinada tentativa de conservar artificialmente vivos, através do moralismo, os ideais anêmicos que estavam de acordo com a compostura burguesa. Estes "ideais" eram as últimas ramificações das representações religiosas comuns da Idade Média que haviam sido pouco antes profundamente abalados pelo Iluminismo francês e pela Revolução que se seguiu. Com isso, também antigas verdades no terreno político haviam se tornado vazias e ameaçavam desmoronar. Era provavelmente cedo demais para isso e consequentemente durante todo o século XIX houve esforços obstinados para evitar, de qualquer maneira, que a Idade Média cristã se esvanecesse. Revoluções políticas foram esmagadas, tentativas de libertação moral foram inviabilizadas pela opinião pública burguesa, e a filosofia crítica do final do século XVIII procurou por tentativas renovadas e sistemáticas prender o mundo dentro de uma rede de pensamentos que estava de acordo com o modelo medieval. Mas, no decorrer do século XIX, o Iluminismo irrompeu pouco a pouco, principalmente na forma do materialismo e racionalismo científicos.

Foi desse chão pátrio que resultou Freud e foram as características espirituais da época que fatalmente o condicionaram. Ele tem a paixão do iluminista – uma de suas citações preferidas é *écrasez l'infâme*, de Voltaire. Com certa satisfação indica o que "realmente está atrás disso" e todas as complexas manifestações da alma, como arte, filosofia e religião parecem-lhe suspeitas, ou melhor, "nada mais do que" repressões do instinto sexual. Esta posição essencialmente limitadora e negativa em relação a reconhecidos valores culturais baseia-se num condicionamento histórico. Ele vê como sua época o obriga a ver. Isto aparece melhor em sua obra *Die Zukunft einer Illusion*, onde traça uma imagem da religião que corresponde exatamente ao preconceito da época materialista.

47 Sua paixão pelo Iluminismo e pela interpretação negativista funda-se numa circunstância histórica, ou seja, que a época vitoriana usava valores culturais para falsamente criar uma imagem burguesa do mundo; a religião, nestas condições – precisamente uma religião repressiva – representava o papel principal. Esta falsa imagem da religião é a que Freud tinha em mente. O mesmo vale para a ideia que tinha do homem: suas qualidades conscientes vitorianas: sua persona idealizada e falsificada – baseiam-se em fundos relativamente obscuros, a saber, a sexualidade infantil reprimida; sim, cada dom positivo ou atividade criadora resulta de um "menos" infantil, correspondente ao ditado materialista: "O homem é o que come".

48 Esta concepção do homem – vista historicamente – é uma reação contra a tendência da época vitoriana de enxergar tudo "cor-de-rosa" e definir tudo *sub rosa*. Era a época da "hipocrisia" intelectual que acabou produzindo um Nietzsche que, para filosofar, utilizava um martelo. É lógico que os motivos éticos, como fatores determinantes da vida humana, desaparecem na doutrina freudiana. Eles foram substituídos por uma moral convencional a qual se pressupõe nunca teria existido se um ou vários antepassados geniosos não tivessem inventado tais preceitos, neutralizando convenientemente a sua impotência. A partir de então, estes preceitos continuaram infelizmente existindo no superego de cada um. Essa visão grotesca e depreciativa constitui um merecido castigo para o fato histórico de que o etos da época vitoriana nada mais era do que uma moral convencional, um produto dos rabugentos *praeceptores mundi* (professores do mundo).

49 Se enfocarmos Freud desse ângulo do passado, isto é, como expoente dos ressentimentos do novo século que se inicia em relação ao século XIX, com suas ilusões, hipocrisias, semi-ignorâncias, sentimentos falsos e exagerados, moral superficial, religiosidade artificial

e insossa e seu lamentável gosto, vêmo-lo então, na minha opinião, de modo bem mais certo do que se o cunhássemos como arauto de novos caminhos e verdades. Ele é um grande destruidor que arrebenta as amarras do passado. Ele nos liberta da pressão insalubre de um mundo avelhentado e apodrecido. Ele mostra também como é possível entender de modo totalmente diferente os valores nos quais nossos pais acreditavam; como, por exemplo, aquela mentira sentimental de que os pais "ainda vivem apenas para os filhos", ou o tema do filho de sentimentos nobres que "carrega sua mãe durante toda a vida em suas mãos", ou ainda o ideal da filha que compreende "perfeitamente" o pai. Antigamente acreditava-se nessas coisas sem pestanejar. Porém, desde que Freud lançou a ideia nauseante da "fixação incestuosa", como objeto de discussão em cima da mesa, levantam-se dúvidas proveitosas que, às vezes, não podem ser levadas sadiamente às últimas consequências.

A "teoria da sexualidade", vista como crítica da psicologia contemporânea, deve ser corretamente entendida. Também podemos conciliar os seus mais incômodos pontos de vista e afirmações, se soubermos contra quais condições históricas prévias elas se dirigem. Sabendo como o século XIX, para não perturbar a sua visão do mundo, transformou fatos completamente naturais em virtudes morais e sentimentais, compreende-se algo do sentido da afirmação freudiana de que o lactante já experimenta a sua sexualidade nos seios da mãe – afirmação esta que mais poeira levantou. Esta interpretação já coloca em suspeição a proverbial inocência da criança no peito materno, quer dizer, a relação mãe-filho. O essencial desta afirmação é um tiro no coração da "santa maternidade". O fato de as mães trazerem seus filhos durante nove meses no ventre não é algo sagrado, mas natural. Se dissermos que é sagrado, vem logo a suspeita de que algo de muito profano precisa ser encoberto. Freud disse bem alto o que há "atrás disso", só que infelizmente, em vez da mãe, ele difamou o lactante.

Cientificamente a teoria da sexualidade do lactente tem pouco valor, pois também para a taturana é indiferente se disserem dela que devora a sua folha com prazer comum ou com prazer sexual. O mérito historicamente universal de Freud não reside nessas falhas escolásticas de interpretação no terreno especificamente científico, mas sim no fato que justifica e fundamenta o seu renome de, qual profeta do

Antigo Testamento, derrubar falsos ídolos e trazer à luz, impiedosamente, a podridão da alma contemporânea. Em toda parte onde empreende uma, redução dolorosa (por exemplo, o bom Deus do século XIX como glorificação do senhor papai, a acumulação do dinheiro como um prazer infantil de defecar etc.), podemos estar certos de que visa a uma sobre-estima ou falsificação coletiva. Onde, por exemplo, aparece em oposição ao Deus sentimental do século XIX um *deus absconditus*, como no caso de Lutero? Não é aceito por todas as pessoas decentes que gente boa também ganha muito dinheiro?

52 Assim como Nietzsche e a Guerra Mundial, assim também Freud, como seu correspondente literário Joyce, é uma resposta à doença do século XIX. Este é possivelmente o seu significado principal. Para adiante não apresenta nenhum plano, pois seria de todo impossível, mesmo para a mais audaciosa aspiração e vontade mais firme, transferir para a vivência humana, sem reprimir, todos os desejos incestuosos reprimidos e todas as demais incompatibilidades. Por outro lado, ministros protestantes já se precipitaram sobre a psicanálise porque esta lhes pareceu um meio adequado para aguçar a consciência dos homens também para outros pecados além daqueles apenas conscientes; uma virada realmente grotesca, mas extremamente lógica que Stanley Hall anteviu de maneira profética[2]. Até os freudianos médicos começam a acreditar numa nova repressão, possivelmente ainda mais desumana; isto é compreensível, pois ninguém sabe o que fazer com os desejos incompatíveis. Ao contrário, compreende-se quão inevitável é que estas coisas fiquem reprimidas.

53 A fim de aliviar esse conflito de consciência, Freud inventou o conceito de sublimação. A ideia da sublimação significa, nada mais, nada menos, que a habilidade do alquimista em transformar o ignóbil em nobre, a inutilidade em coisa útil e de induzir o inaproveitável a se tornar aproveitável. Aquele que conseguisse realizar isto, estaria certo de ganhar fama imortal. Infelizmente ainda não foi descoberta pelos físicos a transformação retroativa da energia que não implique um consumo ainda maior do *quantum* de energia empregado para

---

2. Cf. sua autobiografia.

este fim. "Sublimação" é, por ora, uma piedosa imagem ideal, inventada para sossegar inoportunos questionadores.

Durante a explanação destes problemas não gostaria de colocar o maior peso na dificuldade profissional do psicoterapeuta prático, mas no fato evidente de que o programa de Freud não apresenta nenhum plano para o futuro. Ele não deve ser interpretado como alguém de vanguarda. Tudo nele é orientado para o passado, e isso também de maneira unilateral. A ele só interessa de onde as coisas vêm, não para onde vão. É mais do que uma necessidade científica causal que o compele a uma busca de causas, pois de outro modo não lhe escaparia que certos fatos psicológicos têm na realidade outras motivações além da precariedade da *chronique scandaleuse*.

Excelente exemplo disso é seu trabalho sobre Leonardo da Vinci com seu problema das duas mães[3]. De fato, Leonardo tinha uma mãe ilegítima e uma madrasta; mas, na verdade, existe o problema das duas mães como motivo mitológico, mesmo quando não existem duas mães reais. Os heróis têm, com frequência, duas mães e para os faraós este costume mitológico era até de *rigueur*. Mas Freud se detém neste *minus-factum* (mínimo fato); ele se contenta com isso, sabendo *naturalmente* que por detrás existe algo desagradável ou negativo. Embora este modo de agir não seja propriamente "científico", eu lhe atribuo, do ponto de vista de justiça histórica, um mérito maior do que lhe é cientificamente inconteste. Muito facilmente os panos de fundo obscuros, também existentes, seriam apagados pela exatidão *científica,* mas então não se realizaria a tarefa histórica universal de Freud, qual seja, a de pôr a descoberto justamente o que está oculto atrás de fachadas falseadas. Neste caso, pequena inexatidão científica não significa muito. Para falar a verdade, ao examinar os seus trabalhos com atenção, tem-se a impressão de que sua capacidade científica e correspondente finalidade, que Freud sempre coloca em primeiro plano, foi usada furtivamente por sua missão cultural, inconsciente para ele, e isto às custas do verdadeiro desenvolvimento de sua teoria. Atualmente é imperioso que a voz daquele que clama no deserto utilize tons científicos se quiser atingir os ouvidos de seus contemporâneos. É preciso poder

---

3. [*Eine Kindheitserinnerung des Leonardo da Vinci*].

mostrar que foi a *ciência* que produziu tais resultados. Só isso convence quase sempre. Mas também a ciência não é imune à concepção inconsciente do mundo. Poderíamos facilmente ter considerado o quadro de Leonardo, "Sant'Ana e a Virgem", como representação clássica do motivo mitológico das duas mães. Mas para a psicologia vitoriana tardia de Freud e também para um público muito grande era bem mais interessante que, após "minuciosa investigação", constatasse-se que o respeitável pai de Leonardo tivesse, por pequeno lapso, provocado a existência do grande artista. Este golpe funciona. Na verdade, o motivo mitológico das duas mães é *realmente* científico, por isso atinge somente uma minoria que o considera apenas um conhecimento inoportuno. Mas isso deixa a maioria do público fria, pois para esse interessa muito mais do que para a ciência um Freud unilateral e voltado para o negativo.

A ciência deseja, conforme se presume, um julgamento não tendencioso, imparcial e abrangente. No entanto, a teoria de Freud é, na melhor das hipóteses, uma meia verdade, necessitando por isso mesmo, para atuar e existir, da rigidez de um dogma e do fanatismo de um inquisidor. Para a verdade científica basta uma simples constatação. No entanto, a teoria psicanalítica não tem, de modo algum, a intenção secreta de se impor como verdade científica, mas visa influir num grande público. E é assim que se percebe ter ela sua origem num consultório médico. Ela mostra aquilo que um dia o neurótico dessa transição de século deverá compreender a fundo, pois ele é uma das vítimas inconscientes da psicologia vitoriana tardia. A psicanálise destrói, individualmente dentro dele, os falsos valores, ao cauterizar toda a podridão do extinto século XIX. Nesse ponto, o método significa um inestimável e até indispensável acréscimo de conhecimentos práticos que levou a pesquisa sobre a psicologia das neuroses ao mais alto grau. Devemos agradecer à ousada unilateralidade de Freud pelo fato de a medicina poder agora tratar individualmente os casos de neurose e a ciência estar enriquecida com um método que lhe permite trabalhar a alma como objeto de pesquisa. Antes de Freud isto só existia como curiosidade.

Uma vez que a neurose não é uma doença específica da época pós-vitoriana, mas que goza de uma divulgação generalizada no tempo e no espaço e por isso também se encontra entre povos ou indivíduos que não necessitam de um esclarecimento sexual especial, ou da destruição de pressupostos perniciosos nesse sentido, uma teoria da neurose ou de sonhos, baseada num preconceito vitoriano, tem então, para a ciência, um valor secundário. Não fosse assim, a concepção bem diferente de Adler teria sido rejeitada como um todo ineficaz. É verdade que Adler também faz reduções, não ao princípio do prazer, mas à tendência ao poder, e com inegável sucesso. Esse fato mostra claramente a unilateralidade da teoria freudiana. Aliás, a teoria de Adler também é uma unilateralidade; mas junto com a freudiana forma uma imagem bem mais clara e abrangente do ressentimento contra o espírito do século XIX. Toda a revolta moderna contra os ideais dos antepassados também se reflete em Adler.

A alma humana não é apenas produto do espírito da época, mas algo bem mais estável e imutável. O "século XIX" é um fenômeno local e passageiro que apenas depositou uma camada relativamente fina de poeira sobre a velha alma da humanidade. Quando, porém, esta camada for removida, quando os vidros de nossos óculos de professores tiverem sido limpos, o que veremos então? Como veremos a alma e como explicaremos uma neurose? Este problema se coloca para todo clínico cujos casos não tenham sido curados mesmo que todas as vivências sexuais da infância tenham sido desenterradas e todos os valores culturais tenham sido decompostos em elementos sombrios, ou quando o paciente se tornou aquela ficção – pessoa normal e ser comunitário.

Uma teoria geral de psicologia que reivindique o direito de ser ciência não pode se basear nas deformações do século XIX, e uma teoria da neurose deve também explicar a histeria dos maori. Tão logo a teoria da sexualidade abandone o terreno limitado da psicologia da neurose e se estenda a outras áreas como, por exemplo, à psicologia primitiva, salta aos olhos sua unilateralidade e insuficiência. Conhecimentos que brotaram do empirismo das neuroses vienenses, entre 1890 e 1920, não podem ser aplicados aos problemas de *Totem und Tabu*, mesmo que isto seja feito com muita habilidade. Freud não avançou naquela camada mais profunda do humano em geral. Não o devia e nem podia, sem tornar-se infiel à sua missão histórico-cultural. E esta missão ele a cumpriu – missão suficiente para a obra gloriosa de toda uma vida.

IV
Sigmund Freud[1]

A história das grandes inteligências, do final do século XIX e início do século XX, não pode mais prescindir do nome de Freud. A maneira de pensar de Freud atingiu quase todas as camadas da vida intelectual contemporânea, com exceção das ciências naturais exatas; ele tocou em tudo onde a alma humana tinha primazia; assim, em primeiro lugar, o vasto campo da psicopatologia, seguindo-se a psicologia, filosofia, estética, etnologia e – *last but not least* – a psicologia da religião. Por conseguinte, tudo o que de um modo válido, ou aparentemente válido, for descoberto sobre a essência da alma, atrai para o seu território, automática e infalivelmente, o conjunto todo das ciências do espírito; pois o que quer que se pense sobre a essência da história da alma, sempre mexe com as bases psíquicas de todas as ciências do espírito, mesmo que as verdadeiras descobertas decisivas ocorram dentro da disciplina médica que, como se sabe, *nada* tem a ver com as ciências do espírito.

Freud era um "neurologista" (na mais estrita acepção da palavra) e jamais deixou de sê-lo. Ele não era psiquiatra, nem psicólogo, nem filósofo. No campo da filosofia faltavam-lhe até os elementos básicos da formação filosófica. Confessou-me certa vez que jamais se interessou por ler Nietzsche. Este fato é importante para a compreensão das estranhas opiniões freudianas que aparentemente se apresentam com uma total falta de pressupostos filosóficos. Sua formação teórica traz a marca inequívoca do consultório médico. Seu pressuposto constan-

---

1. Editado pela primeira vez como necrológio em *Sonntagsblatt der Basler Nachrichten* XXXIII/40 (Basileia, 1º de outubro de 1939). Freud falecera em 23 de setembro de 1939.

te é a alma *neuroticamente* degenerada que, ora meio a contragosto, ora com mal disfarçado prazer, desfolha os seus segredos diante dos olhos críticos do médico. O paciente neurótico, além de sua doença individual, é, e sempre foi, um expoente da mentalidade local e contemporânea; existe, porém, ao mesmo tempo, entre a observação médica de seu caso particular e certos pressupostos espirituais em geral, uma ponte que possibilitou a Freud sair da limitação das horas de consultas e dirigir a sua intuição para a vastidão de um mundo de pressupostos morais, filosóficos e religiosos que fatalmente se mostraram vulneráveis a este exame crítico.

Freud deve seus primeiros incentivos a Charcot, o grande professor da Salpêtrière. Um dos fundamentos que adquiriu com ele foi a aprendizagem do hipnotismo e da sugestão (em 1888 traduziu o livro sobre a sugestão, de Bernheim), o outro foi a descoberta de Charcot de que os sintomas histéricos são consequência de certas representações que teriam tomado posse do "cérebro" dos doentes. Pierre Janet, discípulo de Charcot, desenvolveu esta descoberta e lhe deu as necessárias bases em suas vastas obras *Les obsessions et la psychasthénie* e *Névroses et idées fixes*. Joseph Breuer, colega mais velho de Freud em Viena, contribuiu para esta descoberta extremamente importante (o que, aliás, vários velhos médicos de família já haviam feito antes) com um caso comprovado, para criar, em cima disso, uma teoria que, no dizer de Freud, assumiu a opinião da Idade Média, após ter substituído o "demônio" da fantasia sacerdotal por uma fórmula psicológica. A *teoria* medieval da possessão (em Janet amenizada para "obsessão") encontrou pois em Breuer e Freud uma aceitação mais positiva, apresentado-se o espírito maligno – numa inversão do milagre de Fausto – como o "Pudel" de uma inofensiva "fórmula psicológica". O grande mérito dos dois pesquisadores foi não terem, por descuido, como aconteceu com o racionalismo do francês Janet, passado por cima da importante analogia da possessão, mas, muito pelo contrário, terem descoberto, de acordo com a teoria da Idade Média, o fator que produz a possessão para, de certa forma, expulsar o espírito maligno. Breuer foi o primeiro a descobrir que as "representações" que provocam a doença são as lembranças de certos acontecimentos que ele qualifica de *traumatizantes* (lesivos). Este resultado foi o primeiro passo substancial para além das constatações da Salpêtrière, tendo sido lançado então o fundamento de toda a formação da teoria freudiana. Logo no início (1893), os dois pesquisadores reconheceram o imenso significado *prático* de seu achado. Perceberam que a ação das "representações" causadora dos sintomas baseava-se num afeto. Este afeto tinha a peculiaridade de realmente nunca ter vindo à tona e por isso nunca ter sido verdadeiramente consciente. A tarefa terapêutica consistia em fazer com que esse afeto "bloqueado" fosse "ab-reagido".

Esta formulação provisória era, na verdade, simples, mas simples demais para satisfazer a essência das neuroses em geral. Foi neste momento, então, que Freud começou com sua pesquisa independente. Em primeiro lugar estava a questão dos traumas que o preocupava. Logo descobriu (ou pensou descobrir) que os momentos traumatizantes, devido à sua natureza dolorosa, eram inconscientes. Mas eram dolorosos porque (de acordo com sua concepção naquela época) advinham, sem exceção, da esfera sexual. Sua primeira teoria independente sobre histeria foi a teoria do trauma sexual. Todo especialista que lida com neuroses sabe como os pacientes são sugestionáveis, de um lado, e como, de outro, suas informações são pouco confiáveis: portanto esta teoria se movia num terreno escorregadio e perigoso. Por isto, Freud viu-se logo também obrigado a fazer uma correção mais ou menos sigilosa, para que o momento traumático fosse antes atribuído ou também atribuído a uma fantasia infantil anormal. Como força motora da proliferação da fantasia admitia ele uma sexualidade infantil da qual, até então, ninguém queria ouvir falar. Naturalmente a literatura médica já conhecia, há muito tempo, casos de desenvolvimento precoce anormal, mas sem admiti-los em casos de crianças relativamente normais. Na verdade, a concepção freudiana não comete este erro e não pensa num desenvolvimento precoce concreto. Trata-se mais de uma espécie de mudança na qualificação e interpretação de casos infantis mais ou menos normais no tocante à sexualidade. Contra essa concepção levantou-se um vendaval de má vontade e indignação, primeiro nos meios científicos e, em seguida, também entre o público mais culto. Independentemente da circunstância de que, em princípio, toda nova ideia encontra infalivelmente a mais violenta resistência da corporação, a concepção freudiana sobre a vida instintiva da criança significava uma violação do campo da psicologia geral e normal, ao mesmo tempo que transferia observações da psicologia das neuroses para um terreno que nunca, até agora, havia sido exposto sob essa luz.

Ao fazer a investigação cuidadosa e pormenorizada do estado de espírito bem "neurótico e especificamente histérico, não podia escapar a Freud que tais pacientes desenvolviam muitas vezes uma vida de sonhos impressionante e, por isso, além de outras coisas, também gostavam de relatá-los. Tais sonhos correspondiam muitas vezes, na estrutura e na maneira de expressão, à sintomatologia da neurose. Situações de angústia e sonhos angustiantes são decorrentes, por assim dizer, um do outro. Evidentemente originam-se da mesma e única raiz. Por isso, Freud não podia deixar de incluir no âmbito de suas concepções também o fenômeno dos *sonhos*. Já havia reconhecido antes que "o bloqueio" do afeto traumático tinha como base uma *repressão* de um material por assim dizer "incompatível". Os sintomas eram produtos de substituição para as emoções, desejos e fantasias que, devido aos seus escrúpulos morais e estéticos, eram submetidos a uma "censura" através de certas convenções éticas. Isto quer dizer que eram desalojados da consciência por um certo comportamento moral e impedidos de serem relembrados por uma inibição específica. A *teoria da repressão*, como Freud denominou mui acertadamente esta sua concepção, tornou-se possivelmente o ponto essencial de sua psicologia. Como muita coisa pode ser explicada por essa concepção, não admira que também tenha encontrado aplicação nos sonhos. A *Interpretação dos sonhos* de Freud, de 1900, é uma obra que marcou época e provavelmente a tentativa mais audaciosa jamais feita para dominar o enigma da psique inconsciente no terreno aparentemente sólido do empirismo. O autor tentou comprovar, de forma concreta, que os sonhos são a satisfação dos desejos ocultos. Esse alargamento do "mecanismo da repressão", conceito tirado da psicologia da neurose e levado para o terreno do sonho, era a segunda e grave violação da esfera da psicologia normal e já tocava em problemas que teriam exigido outros instrumentos mais condizentes do que as experiências limitadas de uma hora de consulta médica.

A *Interpretação dos sonhos* é provavelmente a obra mais importante de Freud e também a mais discutível. Enquanto para nós, jovens psiquiatras daquele tempo, era uma fonte de iluminação, para nossos colegas mais idosos era objeto de zombaria. Assim como aconteceu com o reconhecimento do caráter de possessão das neuroses, Freud, com a valorização do sonho como a mais importante fonte de informações sobre os fenômenos do inconsciente – "o sonho é a *via regia* para o inconsciente" – arrancou do passado e do esquecimento um valor que parecia irremediavelmente perdido. Pois o sonho tinha, tanto na antiga arte de curar como na antiga religião, um significado importante e a dignidade de um oráculo. O fato de trazer um assunto tão impopular como o sonho para uma discussão séria, era um ato de coragem científica que não poderia ser desprezado. O que mais nos incentivou como jovens psiquiatras daquele tempo não foi a técnica nem a teoria que nos pareciam altamente discutíveis, mas o fato de alguém ter ousado ocupar-se profundamente com o sonho em geral. Isto abria caminho a uma compreensão, a partir de dentro, da formação das alucinações e da ilusão na esquizofrenia que a psiquiatria só podia apresentar, descrevendo-a a partir de fora. Além disso tomou-se também a chave para muitas portas trancadas da psicologia de normais e neuróticos. O grande e ilimitado mérito da *Interpretação dos sonhos* é o fato de ter trazido novamente para o campo de discussão o sonho em geral.

66   A doutrina da repressão encontrou uma aplicação ulterior na teoria do *chiste* produzindo um escrito de leitura divertida, *Der Witz und seine Beziehung zum Unbewussten* (1905), um complemento a *Zur Psychopathologie des Alltagslebens* (1901) que é um livro de aprendizagem e de entretenimento para leigos. Com o livro *Totem und Tabu* (1912), o avanço da doutrina da repressão no campo da psicologia primitiva teve menos êxito, porquanto a aplicação de expressões da psicologia das neuroses a essas intuições primitivas não só explicava bem menos estas últimas, como deixava transparecer claramente a inadequação das primeiras.

67   Uma última aplicação desta doutrina se deu no terreno religioso (*Die Zukunft einer Illusion*, 1927). Se no livro *Totem* e *Tabu* ainda se encontra muita coisa sólida, infelizmente não se pode dizer o mesmo dessa última obra. Nota-se com pesar o insuficiente preparo filosófico e científico-religioso, independentemente da circunstância de faltar ao autor qualquer compreensão da essência do fenômeno religioso. Em idade avançada, Freud ainda redigiu um ensaio sobre "O Ho-

mem Moisés"², o chefe de Israel que não deveria pisar o solo da Terra Prometida. O fato de sua escolha ter recaído justamente sobre Moisés não poderia acontecer por acaso numa personalidade como Freud.

Como já disse no início, Freud sempre permaneceu um médico e, apesar de todas as ocupações em outros campos, pairava diante de seus olhos a visão da constituição espiritual neurótica, aquela atitude espiritual que torna o doente precisamente doente, impedindo-o cada vez mais de se curar. Quem tem essa imagem diante dos olhos percebe a inadequação de todas as coisas e, embora se revolte contra isso, nada mais pode mostrar senão aquilo que a ideia obsessiva demoníaca o obriga a ver, isto é, o doloroso, o desejo insatisfeito, o ressentimento oculto e a realização do desejo íntimo, ilegítimo e deturpado pela censura. Pelo fato de, coisas como estas, *entre outras*, continuarem a existir na alma do neurótico é que ele está doente e aparentemente seu inconsciente desconhece outros conteúdos além daqueles que, por boas razões, a consciência rejeitou. A ideologia de Freud faz soar em nós um "nada além de" pessimista e constrangedor. Em parte alguma aponta para forças que ajudem e curem e que possam fazer com que o inconsciente se torne proveitoso para o doente. Toda e qualquer situação é solapada por uma crítica psicológica que reduz tudo a seus primeiros estágios pouco propícios e ambíguos ou, pelo menos, deles desconfia. Esta atitude, que se prefere negativa, tem sua razão de ser em vista das impropriedades que as neuroses produzem em profusão. Uma atitude que supõe haver recônditos obscuros é, aqui, perfeitamente oportuna embora nem sempre. E não existe doença que não tenha sido também uma tentativa malograda de cura. Em vez de deixar o doente aparecer como executor ou cúmplice secreto de desejos moralmente inadmissíveis, poderia ele também ser qualificado como vítima inconsciente de problemas instintivos insensatos, para cujas soluções ninguém ao seu redor se propôs a ajudá-lo. Seus sonhos também poderiam ser perfeitamente entendidos como predições da natureza em oposição a todas as operações de ilusões humanas – demasiadamente humanas – que Freud introduziu no fenômeno dos sonhos.

68

---

2. [*Moses ein Ägypter*: *Wenn Moses ein Ägypter war...* e *Moses, sein Volk, und die monotheistische Religion* (1939)].

69   Digo isto não para criticar suas hipóteses, mas sim para mostrar e realçar seu ceticismo, evidentemente condicionado pelo espírito contemporâneo, em relação a todos ou, no mínimo, à maioria dos ideais do século XIX. Essa parte do passado é o pano de fundo espiritual que não pode vir separado da figura de Freud. Ele colocou o dedo em mais de uma ferida. Nem tudo era ouro o que brilhava no século XIX, inclusive a religião. Freud foi um grande destruidor, mas a época da passagem do século ofereceu tantas oportunidades de destruição que um Nietzsche não foi suficiente. Freud cuidou do resto, e o fez em profundidade. Ele despertou uma desconfiança salutar, aguçando com isso indiretamente o sentido dos verdadeiros valores. A euforia sobre o bom selvagem que obnubilava as mentes, pois já não conseguiam entender o dogma do pecado original, foi, em boa parte, desfeita por Freud. Provavelmente a barbárie do século XX há de expulsar definitivamente aquilo que por acaso ainda tenha restado. Freud não era profeta, mas é uma figura profética. Tanto nele como em Nietzsche prenuncia-se a luta dos titãs dos nossos dias onde se mostra e deve ser demonstrado se os nossos mais altos valores são realmente tão verdadeiros que o seu brilho não venha a se extinguir na torrente aquerôntica. A dúvida sobre nossa cultura e seus valores é uma neurose dos tempos. Se as nossas certezas fossem indubitáveis, ninguém as poria em dúvida. Ninguém poderia referir-se então, nem mesmo com alguma probabilidade, aos nossos ideais como sendo apenas expressões inadequadas de motivos completamente diferentes e, com fortes razões, para serem dissimulados. Mas o final do século XIX nos deixou um legado de tantas situações duvidosas que a dúvida não é apenas possível, mas justificável e até útil. Pois não se pode comprovar o ouro a não ser pelo fogo. Muitas vezes se comparou Freud com um dentista que com a broca destruidora escareava, da maneira mais desagradável, focos de cáries. Até aí é válida a comparação; ela falha porém, quando se espera que, daqui por diante, seja colocada uma obturação de ouro. A psicologia freudiana não oferece substituto para substâncias que foram extraídas. Quando o bom-senso crítico nos diz que somos, de certa forma, infantis e sem juízo ou que toda expectativa religiosa é uma ilusão, o que podemos fazer com nossa falta de juízo e o que deverá substituir em nós uma ilusão destruída? No ser infantil há uma ausência criativa de pressu-

postos, e a ilusão é uma expressão natural da vida; essas duas jamais se deixam subjugar ou substituir por uma racionalidade e utilidade ligadas a convenções.

A psicologia freudiana se movimenta dentro dos estreitos limites dos pressupostos científicos materialistas do final do século XIX e nunca prestou contas sobre suas premissas filosóficas o que, naturalmente, está ligado à formação filosófica insuficiente do próprio mestre. Era inevitável, pois, que caísse sob a influência de preconceitos e ressentimentos determinados pelo tempo e espaço – circunstância essa que já foi realçada por diversos críticos. O método psicológico de Freud é e sempre foi um elemento cauterizado de material estragado e degenerado como aquele encontrado, em primeiro lugar, em doentes neuróticos. É um instrumento na mão do médico que se torna perigoso e destrutivo ou, na melhor das hipóteses, imprestável quando se aplica a manifestações e necessidades naturais da vida. No início da década, uma certa unilateralidade rígida de seu enfoque teórico, corroborada por uma intolerância muitas vezes fanática, talvez tenha sido uma necessidade inevitável; mais tarde, quando se deu um reconhecimento bastante grande das novas ideias, ela se transformou num defeito estético e, finalmente, como toda intolerância, suscitou desconfiança sobre uma insegurança interior. Enfim, cada um só carrega a tocha de conhecimentos até certo ponto e ninguém é infalível. Apenas a dúvida é mãe da verdade científica. Quem combate o dogma em sentido absoluto, cai fácil e tragicamente na tirania da meia verdade. Todos aqueles que seguiram com interesse o destino desse homem importante, viram como esta fatalidade se realizou, passo a passo, em sua vida, e estreitou em escala ascendente o horizonte de seus conhecimentos.

No decorrer de uma amizade pessoal que durante muitos anos me ligou a ele, foi-me dado lançar um olhar profundo na alma desse homem singular: ele era um "envolvido", isto é, alguém para o qual brilhou, certo dia, uma luz com efeito arrebatador que tomou posse de sua alma e nunca mais a largou. Foi o encontro com as ideias de Charcot que despertou nele aquele protótipo da alma possuída pelo demônio e acendeu aquele apaixonado impulso de saber que haveria de abrir-lhe um mundo tenebroso. Ele sentia que detinha a chave daqueles sombrios abismos da alma possessa. O que parecia à "superstição ridícula" dos tempos passados, um íncubo demoníaco, ele queria apresentar como ilusão, queria atirar a máscara aos pés do diabo e transformá-lo novamente no inofensivo *Pudel*, em uma palavra: torná-lo uma "fórmula psicológica". Ele acreditava no poder do intelecto; nenhum horror faustiano abalava a *hybris* de sua ousadia. Disse-me certa vez: "O que me intriga é saber o que os neuróticos farão no futuro quando todos os seus símbolos tiverem sido desmascarados. Então a neurose tornar-se-á completamente impossível". Ele esperava tudo do Iluminismo e por isso uma de suas citações preferidas era *Écrasez l'infâme*, de Voltaire. Foi dessa paixão que nasceu um conhecimento admirável e uma compreensão assombrosa do material patológico da alma que ele farejava entre cem máscaras dissimuladas e que, com uma paciência realmente inesgotável, soube selecionar de entre tantos disfarces.

72   A colocação de Ludwig Klages do "Espírito como antagonista da Alma" seria uma fórmula para o modo como Freud compreendia a alma possessa. Sempre que podia expropriava o "espírito" como usurpador e repressor, reduzido-o a uma "fórmula psicológica". Seu "nada além de" valia para esse "espírito". Numa conversa decisiva tentei certa vez fazer com que chegasse a entender melhor o sentido de *probare spiritus si ex Deo sint* (verificar se os espíritos procedem de Deus). Infelizmente não consegui. E assim o destino teve que seguir seu curso. Nós podemos sucumbir a um envolvimento quando não percebemos em tempo por que fomos envolvidos. Pelo menos *uma vez*, deveríamos perguntar-nos: por que fui envolvido por aquele pensamento? O que significa isto para mim? Esta pequena dúvida pode ser uma salvaguarda para não sucumbirmos totalmente e para todo o sempre às nossas próprias ideias.

73   A "fórmula psicológica" é apenas uma substituição ilusória daquele vital demoníaco que produz a neurose. Na verdade, somente o *espírito* vence os "espíritos", e não o intelecto, o qual, quando muito, corresponderia ao fiel *famulus Wagner* (servo Wagner) e, por isso, mal serve para exorcista.

V

Em memória de Richard Wilhelm*¹

Meus senhores e minhas senhoras:

Não é tarefa simples falar sobre Richard Wilhelm e sua obra, pois nossas trajetórias, partindo de pontos distantes, entrecruzaram-se a modo de cometas. É provável que os senhores o tenham conhecido antes do que eu. Sua obra possui tal dimensão que ainda não consegui abrangê-la por completo. Nunca vi a China, que formou e enriqueceu seu pensamento, nem me é familiar sua língua, expressão viva do espírito chinês. Sinto-me como um estranho, exilado no imenso campo de saber e de experiência dentro do qual Wilhelm atuava como um mestre em seu domínio. Ele, sinólogo, e eu, médico, nunca teríamos nos encontrado se tivéssemos permanecido fechados em nossa especialidade. Encontramo-nos, porém, na esfera humana que se inicia além das fronteiras acadêmicas. Foi aí que se deu nosso ponto de contato e daí saltou a faísca que viria a ser um dos principais acontecimentos de minha vida. Por este motivo posso falar sobre Wilhelm e sua obra, lembrando com profundo respeito esse espírito que lançou uma ponte entre Oriente e Ocidente, legando-nos a valiosa herança de uma cultura milenar, talvez destinada à destruição.

---

* Trad. de Ruben Bianchi e Inês Ferreira da Silva Bianchi.
1. [Esta palestra foi proferida em 10 de maio de 1930, por ocasião da homenagem a Richard Wilhelm, falecido a 1º de maio, em Munique. Foi publicada primeiramente como "Necrológio para Richard Wilhelm". *Neue Zürcher Zeitung* CLI/l (6 de março de 1930); em seguida em *Chinesisch-Deutscher Almanach* (Frankfurt a.M. 1931); por fim, na 2. ed. de *Das Geheimnis der Goldenen Blüte. Ein chinesisches Lebensbuch* (O segredo da flor de ouro. Vozes, 2010)].

75 Wilhelm possuía a amplitude de conhecimento que só é alcançada por aqueles que ultrapassam a sua especialidade. Sua ciência tornou-se – ou melhor, foi desde o início – algo que se aplica a toda a humanidade. O que mais poderia tê-lo afastado do estreito horizonte europeu e do espírito missionário, mal conhecendo ainda o segredo da alma chinesa, senão o pressentimento da existência de tesouros ali escondidos, aos quais sacrificou seu preconceito europeu, devido a essa pérola preciosa? Só um sentimento de profunda humanidade e a grandeza de um coração que intui a plenitude poderiam levá-lo a devotar-se incondicionalmente a um espírito estranho ao seu e a conceder seus múltiplos dons e capacidades a essa influência. A compreensão com a qual se dedicou a essa tarefa, sem nenhum traço de ressentimento cristão ou arrogância europeia, constitui um testemunho de sua grandeza, pois os espíritos medíocres, em contato com uma cultura estranha, perdem-se numa cega autodestruição, ou numa atitude crítica tão incompreensível, quanto presunçosa. Como apenas tateiam a superfície externa, nunca bebendo o vinho ou comendo o pão da cultura estrangeira, jamais permitem que ocorra a *communio spiritus* ("comunhão espiritual"), aquela transfusão e penetração mais íntima que prepara e gera um novo nascimento.

76 O especialista, em geral, representa o espírito masculino, o intelecto, para o qual a fecundação é um processo estranho e contrário à natureza, sendo, desta forma, um instrumento inadequado para promover o renascimento de uma cultura desconhecida. Um espírito superior, no entanto, carrega em si as características do feminino. A ele foi dado o colo receptivo e gerador que lhe permitiu recriar o desconhecido numa forma conhecida. Wilhelm possuía o carisma de uma natureza maternal, à qual se deve sua capacidade intuitiva em relação ao pensamento chinês, permitindo-lhe criar traduções incomparáveis.

77 Em minha opinião, a tradução e os comentários sobre o *I Ching*[2] constituem sua maior obra. Antes de conhecê-la, servi-me durante anos da tradução deficiente de Legge[3] e pude perceber a extraordiná-

---

2. *I Ging. Das Buch der Wandlungen*. Tradução do chinês para o alemão e comentários de Richard Wilhelm.
3. *The Yi King*, traduzido por James Legge para o inglês.

ria diferença entre elas. Wilhelm recriou e concebeu sob uma nova forma essa antiga obra, na qual, não só muitos sinólogos como também os chineses modernos, nada mais veem do que uma coletânea de absurdas fórmulas mágicas. Esta obra, como talvez nenhuma outra, representa o espírito da cultura chinesa, pois nela trabalharam durante milênios os maiores sábios da China. Apesar de sua espantosa idade, nunca envelheceu, permanece atuante, pelo menos para aqueles que compreendem seu sentido. Devemos agradecer à capacidade criativa de Wilhelm por pertencermos também a estes privilegiados. Ele colocou esta obra ao nosso alcance, não apenas através de um cuidadoso trabalho de tradução, como também pela sua experiência pessoal, de um lado como discípulo de um mestre chinês da velha escola, e de outro, como iniciado na psicologia da ioga chinesa, para o qual a aplicação prática do *I Ching* sempre representa uma experiência renovada.

No entanto, juntamente com essas dádivas, Wilhelm também nos incumbiu de uma tarefa, cuja dimensão podemos apenas imaginar, e dificilmente abranger. Quem teve a felicidade, como eu, de experimentar como Wilhelm o poder divinatório do *I Ching* não deve ignorar o fato de que tocamos num ponto arquimediano, que poderia desencadear uma profunda mudança em nosso espírito ocidental. Wilhelm legou-nos um quadro compreensível e colorido de uma cultura estrangeira. Mais importante, no entanto, é o fato de nos haver inoculado o germe vivo do espírito chinês, capaz de modificar essencialmente nossa visão do mundo. Não permanecemos apenas como espectadores, admirados ou críticos, mas tornamo-nos participantes do espírito oriental, na medida em que tivermos experimentado a eficácia viva do *I Ching*.

O princípio no qual se baseia o *I Ching* – se é que posso me expressar dessa forma – encontra-se aparentemente em profunda contradição com a concepção do mundo ocidental, científica e teleológica. Em outras palavras, ele é extremamente anticientífico e, arriscaria até dizer, proibido, uma vez que é incompreensível e foge ao nosso juízo científico.

Há alguns anos, o presidente da British Anthropological Society perguntou-me como eu explicaria o fato de um povo intelectualmente tão evoluído como o chinês nunca ter produzido uma ciência. Respondi que devia ser um engano, pois os chineses possuíam uma "ciência", cuja obra máxima era justamente o *I Ching*, mas que o princípio desta ciência, como muitas outras coisas na China, era frontalmente diverso do nosso modelo científico.

81   A ciência do *I Ching* não se baseia no princípio da causalidade, mas em outro princípio, até o momento sem nome por não existir entre nós –, ao qual chamei experimentalmente de *princípio da sincronicidade*. Minhas pesquisas no campo da psicologia dos processos inconscientes levaram-me a procurar outras explicações para o esclarecimento de certos fenômenos da psicologia profunda, uma vez que o princípio da causalidade me parecia insuficiente. Descobri, inicialmente, que existem manifestações psicológicas paralelas que não se relacionam absolutamente de modo causal, mas apresentam uma forma de correlação totalmente diferente. Tal conexão parecia basear-se essencialmente na relativa simultaneidade dos eventos, daí o termo "sincronicidade". Longe de ser uma abstração, o tempo se apresenta como continuidade concreta, contendo qualidades e condições básicas que podem se manifestar em locais diferentes com relativa simultaneidade, num paralelismo que não se explica de forma causal; por exemplo, na ocorrência simultânea de pensamentos, símbolos, ou estados psíquicos similares. Um outro exemplo apontado por Wilhelm refere-se à simultaneidade dos períodos de estilos chineses e europeus, cuja coincidência não pode ser explicada sob o ponto de vista da causalidade. A astrologia seria considerada como um exemplo mais abrangente de sincronicidade, se ela apresentasse resultados universalmente seguros. Existem, entretanto, alguns fatos comprovados por ampla estatística, que tornam a astrologia digna de questionamento filosófico (sem dúvida, seu valor psicológico é inexorável, pois representa a soma de todo o conhecimento psicológico da antiguidade).

82   A possibilidade de se reconstruir o caráter de uma pessoa, a partir do mapa astral na hora do seu nascimento, comprova a relativa validade da astrologia. Lembremo-nos, entretanto, de que o mapa astral não depende absolutamente da constelação astronômica real, mas é baseado num sistema de tempo arbitrário, puramente conceitual. Em decorrência da precessão dos equinócios, o ponto da primavera há muito se deslocou astronomicamente de zero graus de Áries, de forma que o zo-

díaco astrológico, a partir do qual são calculados os horóscopos, não corresponde de maneira alguma ao zodíaco celeste. Se considerarmos a existência de diagnósticos astrológicos corretos, estes sem dúvida não se baseiam nas influências dos astros, mas em nossas hipotéticas qualidades do tempo. Em outras palavras, o que nasce ou é criado num dado momento adquire as qualidades deste momento.

Esta é a fórmula básica para a prática do *I Ching*. Sabe-se que o conhecimento do hexagrama – que reproduz o momento – é obtido através da manipulação puramente causal das varetas ou moedas. As varetas caem conforme se apresenta o momento. A questão é: conseguiram o velho Rei Wen e o duque de Dschou, por volta do ano 1000 a.c., interpretar corretamente o desenho dessas varetas caídas ao acaso?[4] Somente a experiência pode demonstrar.

Em sua primeira conferência no Clube de Psicologia de Zurique, Wilhelm realizou, a meu pedido, uma apresentação prática do *I Ching*, fazendo, ao mesmo tempo, uma previsão que se concretizaria integralmente e com toda clareza em menos de dois anos. Tal fato poderia ser comprovado através de várias experiências paralelas. Não é minha intenção, no entanto, verificar objetivamente a validade das expressões do *I Ching*. Tomo-as como premissas, de acordo com meu falecido amigo, ocupando-me apenas com o fato assombroso de que a *qualitas occulta* (qualidade oculta) do momento, expressa através do hexagrama, tornou-se legível. Trata-se de uma correlação de acontecimentos não só análoga à da astrologia, como também da natureza similar. O nascimento corresponde às varetas caídas; a constelação do nascimento, ao hexagrama, e a interpretação astrológica refere-se ao texto indicado pelo hexagrama.

Esse tipo de pensamento, baseado no princípio da sincronicidade, atinge seu ponto máximo no *I Ching* e constitui a mais pura expressão do espírito chinês. No Ocidente, esta forma de pensamento esteve ausente da filosofia desde a época de Heráclito, reaparecendo somente como eco distante em Leibniz. Isso não significa, entretanto, que durante todo esse tempo tenha sido extinta, mas subsistiu na

---

4. Para maiores esclarecimentos sobre a história e o método, cf. *I Ching*, I, p. 11s.

86 penumbra da especulação astrológica, permanecendo neste estágio até hoje.

É aqui que o *I Ching* desperta em nós uma necessidade de desenvolvimento. O ocultismo experimenta atualmente um renascimento sem precedentes, quase obscurecendo a luz do espírito ocidental. Não penso em nossas academias e seus representantes. Sou médico e lido com pessoas simples. Sei, por isso, que as universidades não são mais fonte de conhecimentos. As pessoas estão cansadas da especialização científica e do intelectualismo racional. Elas querem ouvir a verdade que não limite, mas amplie; que não obscureça, mas ilumine; que não escorra como água, mas que penetre até os ossos. Essa busca ameaça atingir erroneamente um público anônimo, porém extenso.

87 Quando penso na obra e no significado de Wilhelm, lembro-me de Anquetil du Perron, um francês que trouxe para a Europa a primeira tradução dos "Upanixades", justamente na época em que acontecia um fato inacreditável: depois de quase 18 séculos, a Deusa Razão destronou Cristo Deus em plena Notre Dame. Hoje, quando na Rússia acontecem fatos muito mais incríveis do que em Paris naquela época, é Wilhelm quem nos traz uma nova luz do Oriente, num momento em que na própria Europa o símbolo cristão atravessa um tal estado de enfraquecimento, a ponto dos budistas acreditarem ser o momento para novas missões. Esta foi a tarefa que Wilhelm pressentiu, reconhecendo quanto o Oriente poderia nos oferecer no sentido de suprir nossas necessidades espirituais.

88 Dando uma esmola a um pobre, certamente não o estaremos ajudando, mesmo se for isso o que ele realmente deseja. No entanto, o ajudaríamos muito mais, se lhe indicássemos o caminho de um trabalho, através do qual ele se libertasse de sua miséria. Infelizmente os mendigos espirituais de nossos tempos estão por demais inclinados a aceitar as esmolas do Oriente e a imitar irrefletidamente seus costumes. Devemos estar prevenidos contra esse perigo. Wilhelm também percebeu isso. O espírito da Europa não pode ser salvo apenas através de sensações ou estímulos novos. Se quisermos possuir a sabedoria, precisamos aprender a obtê-la. O que o Oriente tem a nos oferecer é simplesmente uma ajuda numa tarefa que devemos realizar. De que nos servem a sabedoria dos "Upanixades" e o conhecimento da

ioga chinesa, se abandonamos nossos próprios fundamentos como se fossem erros ultrapassados, para nos lançarmos em terras estranhas como piratas sem pátria? Os conhecimentos do Oriente, sobretudo a sabedoria do *I Ching*, não terão nenhum sentido, se nos fecharmos para nossa própria problemática, estruturando nossas vidas a partir de preconceitos tradicionais, escondendo de nós mesmos nossa real natureza humana com suas trevas e subterrâneos. A luz desta sabedoria só brilha na escuridão e não sob os refletores da consciência e da vontade artificial dos europeus. Tal sabedoria surgiu dentro de um contexto, cujos horrores podemos imaginar, quando lemos sobre os massacres chineses ou sobre o obscuro poder das sociedades secretas da China, a infinita miséria e os vícios do povo chinês.

Precisamos de uma vida tridimensional, se quisermos vivenciar a sabedoria chinesa. Para tanto precisaríamos, em primeiro lugar, da sabedoria europeia sobre nós mesmos. Nosso caminho começa em nossa realidade e não nos exercícios de ioga, que nos desviam dela. Se quisermos ser discípulos dignos do mestre, precisamos continuar o trabalho de Wilhelm, em seu sentido mais amplo. Assim como ele traduziu os tesouros espirituais do Oriente para uma visão ocidental, devemos transpor este sentido para a vida. Como sabemos, Wilhelm traduziu o termo *Tao* por *sentido*. Transpor para a vida este *sentido*, ou seja, realizar o *Tao*, constitui a tarefa dos discípulos. Entretanto, o *Tao* não se realiza por palavras ou bons ensinamentos. Saberemos com certeza como ele surge entre nós ou ao nosso redor? Seria por imitação? Ou seria pela razão? Ou ainda por acrobacia da vontade?

Observamos um destino implacável realizar-se no Oriente. Os canhões europeus explodiram os portões da Ásia. A ciência e a técnica, o materialismo e a avidez ocidentais invadiram a China. Dominamos politicamente o Oriente. Os senhores imaginam o que aconteceu quando Roma subjugou o Oriente Médio? O espírito oriental avançou sobre Roma. Mitra tornou-se o deus-militar romano, e no mais ínfimo lugarejo da Ásia Menor surgiu uma nova Roma espiritual. Não seria possível acontecer algo semelhante nos dias de hoje, e sermos tão cegos como os romanos, que tanto se impressionavam com as superstições dos χρηστοί (cristãos)? Devemos notar que Inglaterra e Holanda, as mais antigas potências colonizadoras do Oriente, são justamente as mais infectadas pela teosofia indiana. Sei que nosso continente está impregnado de símbolos orientais. O espírito do Oriente está realmente *ante portas* (à nossa porta). Parece-me, portanto, que a realização do Sentido, a busca do *Tao*, já se tornou uma manifestação do coletivo muito mais forte do que imaginamos. O fato, por exemplo, de que Wilhelm e o indólogo Hauer[5] tenham sido convidados para realizar uma apresentação sobre a ioga no Congresso Alemão de Psicoterapia deste ano é, em minha opinião, um extraordinário sinal dos tempos. Imaginem o que representa um médico clínico, que se ocupa diretamente com o ser humano enfermo, entrar em contato com sistemas terapêuticos orientais! O Oriente penetra implacavelmente por todos os poros, atingindo a Europa em seu ponto mais vulnerável. Poderia ser uma perigosa infecção, mas talvez seja um remédio. O emaranhado babilônico do espírito ocidental produziu uma tal desorientação, que todos anseiam por verdades mais simples ou, pelo menos, por ideias que falem não somente ao intelecto, como também ao coração, trazendo clareza ao espírito observador e paz ao incessante turbilhão de sentimentos. Assim como na antiga Roma, importamos também toda sorte de superstições exóticas, na esperança de encontrarmos o remédio adequado à nossa enfermidade.

91   O homem instintivamente reconhece que toda grande verdade é simples. Aquele, cujo instinto está atrofiado, imagina, por isso, que ela se encontre em simplificações baratas e trivialidades, ou, por outro lado, em razão de seu desapontamento, incorre no erro oposto de imaginar a verdade como algo infinitamente complicado e obscuro. Observamos em nossas massas anônimas o aparecimento de um movimento gnóstico que corresponde psicologicamente àquele ocorrido há 1.900 anos. Tal como hoje, antigos andarilhos solitários, entre os quais o grande Apolônio, teciam fios espirituais, envolvendo Europa, Ásia e talvez até a longínqua Índia. A partir deste distanciamento histórico, reconheço em Wilhelm um representante gnóstico que pôs a cultura da Ásia Menor em contato com o espírito helênico, fazendo brotar um mundo novo a partir das ruínas do Império Romano. Como em nossos dias, lá prevaleciam a confusão, a trivialidade, a

---

5. [August Hauer (nasc. em 1881), primeiro, missionário, mais tarde, professor de sânscrito na Universidade de Tübingen].

extravagância, o mau gosto e a inquietação interior. O continente espiritual europeu estava submerso, e só se percebiam na flutuação vaga e indefinida a existência de alguns cumes e ilhas. Toda forma de desvio espiritual se manifestava, e prosperavam falsos profetas.

Em meio à ruidosa desarmonia da opinião europeia, é um alívio ouvir a linguagem simples de Wilhelm, o mensageiro da China. Ela é formada na ingenuidade quase vegetal do espírito chinês e exprime o profundo de modo espontâneo e despretensioso. Deixa escapar algo da simplicidade da Grande Verdade, trazendo até nós o perfume sensível da Flor de Ouro. Penetrando com suavidade, semeou no solo europeu uma delicada semente, uma nova intuição acerca da vida, depois de tanta convulsão, arbitrariedade e arrogância.

Wilhelm, ao contrário de muitos europeus, assumiu uma atitude de profunda humildade em relação à cultura oriental. A ela nada opôs: nem preconceito, nem a presunção de um grande conhecedor. Abriu seu coração e sentidos, deixando-se arrebatar de tal maneira, que quando voltou à Europa trouxe a imagem fiel do Oriente, não apenas em seu espírito, como também em sua essência. Uma transformação assim profunda só foi possível através de grande despojamento, principalmente porque nossos pressupostos históricos são totalmente diferentes dos orientais. O poder da consciência ocidental e sua aguda problemática cederam à natureza serena e universal do Oriente; e o racionalismo europeu e sua diferenciação unilateral, à simplicidade e amplitude da China. Tal metamorfose significou para Wilhelm não somente mudança em sua orientação intelectual, como também reestruturação dos componentes de sua personalidade. Não lhe teria sido possível oferecer uma imagem do Oriente tão nítida e livre de intencionalidade, sem que, nele, o homem europeu passasse para um segundo plano. Também não poderia ter cumprido sua missão, se houvesse permitido que o Oriente e o Ocidente se chocassem frontalmente. O sacrifício do homem europeu foi inevitável e indispensável para a execução da tarefa que o destino lhe reservou.

A missão de Wilhelm foi realizada em seu mais amplo sentido. Não só nos tornou acessíveis os tesouros da cultura oriental, como plantou em solo europeu as raízes do espírito chinês, que permaneceram vivas durante milênios. Com o término de sua tarefa, sua missão atingiu o apogeu e, infelizmente, também o seu fim. Segundo a lei da *enantiodromia*, dos fluxos contrários, tão bem interpretada pelos chineses, com o final de um ciclo dá-se o início de seu oposto. Assim, *Yang* em seu limite transforma-se em *Yin*, e o positivo, em negativo. Relacionei-me com Wilhelm somente nos últimos anos de sua vida, mas pude observar que, com a conclusão de sua obra, o Ocidente passou a solicitá-lo cada vez mais, chegando mesmo a importuná-lo. Por este motivo, sentia a sensação crescente de estar próximo de uma grande transformação, uma verdadeira convulsão, cuja natureza não conseguia compreender claramente. Tinha apenas a certeza de estar frente a uma crise decisiva. Paralelamente ao desenvolvimento espiritual, progredia sua doença física. Seus sonhos, impregnados de lembranças da China, e as imagens invariavelmente sombrias e tristes demonstravam o quanto o conteúdo oriental havia se tornado negativo.

Quando um grande sacrifício é feito, o sacrificado necessita, em seu retorno, de um corpo saudável e resistente, que possa suportar o abalo de uma grande metamorfose. Por isso, uma crise espiritual de tal intensidade frequentemente significa a morte, quando se defronta com um corpo debilitado pela doença. A faca do sacrifício encontra-se nesse momento nas mãos do sacrificado, e do sacrificador será exigida a morte.

Como os senhores veem, não contive minhas interpretações, pois como poderia falar de Wilhelm sem dizer como eu o vivenciei? Na minha opinião, sua obra possui um inestimável valor; ela me esclareceu muito, comprovando aquilo que eu havia experimentado, desejado, pensado e feito no sentido de aliviar o sofrimento psíquico dos europeus. Para mim, foi uma experiência muito intensa ouvir através de suas palavras, numa linguagem lúcida e clara, o que eu obscuramente vislumbrara acerca do turbilhão do inconsciente europeu. Sinto-me, na verdade, tão enriquecido, que tenho a impressão de ter recebido dele mais do que qualquer outra pessoa. É por este motivo, que não vejo como presunção de minha parte o fato de ser eu quem deposite, neste momento, a gratidão e o respeito de todos nós no altar de sua memória.

VI
Relação da psicologia analítica com a obra de arte poética*

Falar sobre a relação entre a psicologia analítica e a obra de arte poética é para mim, apesar da dificuldade, uma oportunidade bem-vinda, pois assim tenho a oportunidade de expor meus pontos de vista na controvertida questão da relação entre a psicologia analítica e a arte. Apesar de sua incomensurabilidade existe uma estreita conexão entre esses dois campos que pede uma análise direta. Essa relação baseia-se no fato de a arte, em sua manifestação, ser uma atividade psicológica e, como tal, pode e deve ser submetida a considerações de cunho psicológico; pois, sob este aspecto, ela, como toda atividade humana oriunda de causas psicológicas, é objeto da psicologia. Com esta afirmativa, também ocorre uma limitação definida quanto à aplicação do ponto de vista psicológico: *Apenas aquele aspecto da arte que existe no processo de criação artística pode ser objeto da psicologia, não aquele que constitui o próprio ser da arte. Nesta segunda parte, ou seja, a pergunta sobre o que é a arte em si, não pode ser objeto de considerações psicológicas, mas apenas estético-artísticas.*

Distinção semelhante deverá ser feita também no terreno da religião: também aí a consideração psicológica só se aplica aos *fenômenos* simbólicos e emocionais sem tocar a essência da religião. Se fosse possível analisar a essência, então a religião e a arte poderiam ser tra-

---

* Palestra proferida na Sociedade de Língua e literatura Alemãs em Zurique, maio de 1922. Editado em *Wissem und Leben* XV (Zurique, setembro de 1922). Além disso, em *Seelenprobleme der Gegenwart*, de C.G. Jung (cf. Referências).

tadas como simples subdivisão da psicologia. Com isso não queremos negar que tais abusos realmente aconteçam. Mas, aqueles que o cometem se esquecem obviamente de que isto poderia também acontecer facilmente à psicologia. Considerada simples atividade cerebral, ao lado de outras atividades glandulares, seria tratada como subdivisão da fisiologia, perdendo seu valor intrínseco e qualidade específica. Como todos sabem isto também aconteceu.

Por sua própria natureza a arte não é ciência e ciência tampouco é arte; por isso esses dois campos espirituais possuem áreas reservadas que lhe são peculiares e só podem ser explicadas por elas mesmas. Portanto, quando falamos da relação entre psicologia e a arte, estaremos tratando apenas daquele aspecto da arte que pode ser submetido à pesquisa psicológica sem violar a sua natureza. Seja o que for que a psicologia possa fazer com a arte, terá que se limitar ao processo psíquico da criação artística e nunca atingir a essência profunda da arte em si. É o mesmo caso do intelecto que não consegue explicar nem muito menos entender a essência do sentimento. E essas duas coisas não existiriam como entidades separadas, se sua diversidade, em princípio, não se tivessem imposto, há muito tempo, à inteligência. O fato de o "antagonismo entre as faculdades mentais", na criança pequena, ainda não se terem manifestado em suas tendências artísticas, científicas e religiosas ainda se encontrarem pacificamente adormecidas, ou o fato de o começo da arte, ciência e religião entre os primitivos ainda se encontrar lado a lado no caos não diferenciado da mentalidade mágica, ou ainda, em terceiro lugar, o fato de nenhum traço do "espírito" pode ser encontrado no animal, mas somente o "instinto natural", nada disso evidencia que exista uma unidade original na essência da arte e da ciência que justifique sozinha uma subsunção recíproca, ou seja, uma redução de uma à outra. Mas se retrocedermos aos primórdios da evolução do espírito, a ponto de as diferenciações entre cada campo espiritual ficarem, em princípio, invisíveis, ainda assim não teremos alcançado o conhecimento de um princípio mais profundo de sua unidade, mas apenas um estado anterior de não diferenciação no qual não existia nem um nem outro. Este estado elementar, no entanto, não é nenhum princípio que nos permita tirar alguma conclusão sobre a natureza de estados posteriores e mais evoluídos, mesmo que estes sejam, como sempre acontece, derivados diretamente daí. Uma atitude científica estará sempre inclinada a não considerar a essência de uma diferenciação, dando preferência a uma derivação causal, e tentar subordinar aquela a um conceito bem genérico, mas também elementar.

Estas considerações parecem-me, hoje, bem oportunas, pois nestes últimos tempos vimos várias vezes obras de arte poéticas serem interpretadas de um modo que correspondia justamente a esta redução a estágios mais elementares. Poderíamos talvez atribuir as condições da criação artística, o assunto e seu tratamento individual, às relações pessoais do poeta com seus pais, mas isto não contribuiria em nada para a compreensão de sua arte. Pode-se fazer a mesma redução em todos os outros possíveis casos, também nos casos de distúrbios patológicos. Neuroses e psicoses também são reduzíveis ao relacionamento entre a criança e os pais, bem como bons e maus hábitos, convicções, particularidades, paixões e interesses especiais etc. Não podemos, no entanto, admitir que todos estes casos tão diferentes tenham uma explicação única e idêntica; caso contrário chegaríamos à conclusão que eles também são uma coisa única e idêntica. Quando uma obra de arte é interpretada da mesma forma como uma neurose, de duas uma: ou a obra de arte é uma neurose ou a neurose é uma obra de arte. Como um jogo de palavras paradoxal poderíamos até admitir este modo de falar, porém o bom-senso se recusa a colocar a obra de arte e a neurose no mesmo nível. Somente um médico analista, olhando pelas lentes de um preconceito profissional, poderia ver na neurose uma obra de arte; jamais ocorreria a um leigo criterioso confundir um fenômeno patológico com arte, mesmo não podendo negar o fato de que a realização de uma obra de arte depende das mesmas condições psicológicas de uma neurose. É natural, porque certas condições psíquicas estão presentes em toda parte e, na verdade – por causa da relativa semelhança das condições da vida humana –, são sempre as mesmas, quer se trate de um intelectual nervoso, um poeta ou um ser humano normal. Naturalmente, todos tiveram pais e todos têm um pretenso complexo de pai e mãe; todos possuem sexualidade e, por isso também, certas dificuldades típicas e outras, comuns ao ser humano. Um poeta pode ter sido influenciado mais pela relação com o pai, outro, pela ligação com a mãe e finalmente um terceiro pode demonstrar, através de suas obras, traços inconfundíveis de repressão sexual; tudo isso pode ser atribuído tanto a neuróticos como a todas as pessoas normais. E assim, nada de específico se apurou para o julgamento de uma obra de arte. Na melhor das hipóteses, ampliamos e aprofundamos o conhecimento dos pressupostos históricos.

101   Realmente a nova linha da psicologia médica, inaugurada por Freud, deu ao historiador literário um novo estímulo para relacionar certas peculiaridades da obra de arte individual com vivências íntimas e pessoais do poeta. Com isto, não queremos dizer que o tratamento científico dado à obra de arte poética não tenha, de há muito, revelado certos traços inerentes à vivência íntima e pessoal do poeta que – propositadamente ou não – se tivessem introduzido em sua obra. No entanto, os trabalhos de Freud possibilitam, sob determinadas condições, uma visão radical e mais completa das vivências que remontam até a primeira infância e que influíram na criação artística. Usando-se bom gosto e parcimônia, pode resultar uma interessante visão geral de como a criação artística está entrelaçada com a vida pessoal do artista, por um lado, e, por outro, como ela se projeta para fora desse entrelaçamento. Neste sentido, a pretensa *psicanálise* da obra de arte não difere, em princípio, de uma análise literário-psicológica profunda e de nuanças sutis. A diferença é, quando muito, gradual, ainda que às vezes nos surpreendam certas provas e conclusões indiscretas que um modo de agir mais delicado deixaria passar despercebidas por simples questão de tato. Esta falta de surpresa diante do "humano, demasiado humano" é a característica profissional de uma psicologia médica que já Mefistófeles com toda razão e espontaneamente reconhecera: "Que logo ao primeiro encontro sai às apalpadelas atrás das coisas que o outro leva anos para encontrar", mas infelizmente nem sempre para seu próprio proveito. A possibilidade de tirar conclusões audaciosas leva facilmente a atos de violência. Um pouco de crônica escandalosa representa muitas vezes a pitada de sal de uma biografia, mas, em demasia, transforma-se numa indiscrição pouco limpa, uma catástrofe do bom gosto sob o manto da ciência. Deste modo, inopinadamente, o interesse é desviado da obra de arte e se perde numa embrulhada labiríntica e enredada de pressupostos psíquicos, tornando-se então o poeta um caso clínico – eventualmente mais um dos tantos exemplos da *psychopathia sexualis*. Com isto, a psicanálise da obra de arte se afastou de seu próprio objetivo e desvi-

ou a discussão para um campo humano genérico, nada específico para o artista e, sobretudo para sua arte, de muito pouca importância.

Esse tipo de análise leva *adiante* a obra de arte, dentro da esfera da psicologia humana em geral, da qual, além da obra de arte, muitas outras coisas podem originar-se. Explicar a obra de arte neste contexto seria, pois, uma superficialidade, como, por exemplo, a frase: "Todo artista é um narcisista". Todo aquele que leva avante, até onde for possível, sua própria maneira de ser, é um "narcisista", desde que seja lícito empregar um termo tão específico da patologia da neurose num sentido tão amplo; e por isso, uma frase dessas não diz nada, apenas nos surpreende como uma expressão espirituosa. Como esta espécie de análise não trata da obra de arte em si, mas visa enterrar-se, qual topeira, e o mais rápido possível, nos recônditos e profundidades, atinge sempre a mesma terra universal que carrega toda a humanidade, e suas explicações são terrivelmente monótonas – iguais àquelas que se ouvem num consultório médico.

O método redutivo de Freud é um método de tratamento médico que tem uma ligação doentia e imprópria com o objeto. Esta ligação doentia está no lugar de um serviço normal; deve ser destruída a fim de liberar o caminho para uma adequação sadia. Neste caso seria oportuna a redução a uma base humana comum. Este método aplicado a uma obra de arte leva aos resultados acima descritos: ele extrai da roupagem brilhante da obra de arte o nu quotidiano do *homo sapiens* elementar, espécie esta da qual faz parte também o poeta. O brilho dourado da mais nobre criação, objeto de nossa discussão, extingue-se porque foi exposto ao mesmo método corrosivo como o foi a fantasia ilusória de uma histeria. Esta dissecação é realmente muito interessante e talvez tenha o mesmo valor científico que a autópsia feita no cérebro de Nietzsche, pois só ela podia mostrar qual a forma atípica de paralisia que provocara sua morte. Teria isso algo a ver com *Zaratustra*? Não importam suas motivações ocultas e mais profundas; não é ele um mundo todo e *único* em si, que está além da insuficiência humana – demasiadamente humana – além das enxaquecas e das atrofias das células cerebrais?

Falei até agora do método redutivo de Freud sem dizer, em pormenores, em que ele consiste. Trata-se de uma técnica médico-psicológica de exame psíquico do doente que se ocupa unicamente dos caminhos e meios para contornar o primeiro plano consciente a fim de atingir o fundo psíquico, ou seja, o próprio inconsciente. Esta técnica baseia-se na suposição de que o doente neurótico reprime certos conteúdos psíquicos da consciência devido à sua incompatibilidade com o consciente. Esta incompatibilidade é considerada moral; e por isso os conteúdos reprimidos têm que ter um caráter negativo correspondente, qual seja, sexual infantil, obsceno ou até criminoso, que o faz parecer inaceitável à consciência. Já que nenhum homem é perfeito, cada um possui este pano de fundo, quer ele o admita ou não. E para descobri-lo em toda parte, basta aplicar a técnica de interpretação desenvolvida por Freud.

Em virtude da exiguidade do tempo desta palestra, torna-se impossível para mim entrar em detalhes sobre esta técnica de interpretação. Portanto, devo contentar-me em dar algumas indicações apenas. Os panos de fundo inconscientes não permanecem inativos; são revelados pelas influências características sobre os conteúdos da consciência. Por exemplo, geram produtos fantasiosos de natureza singular que, às vezes, podem ser facilmente atribuídos a certas representações de fundo sexual. Ou então causam certos distúrbios característicos dos processos conscientes que também podem ser reduzidos a conteúdos reprimidos. Uma fonte de muita importância para o conhecimento do conteúdo do inconsciente são os sonhos, produtos diretos da atividade do inconsciente. O essencial do método redutivo de Freud consiste em juntar todos os indícios dos panos de fundo e profundo do inconsciente e, através da análise e interpretação dos mesmos, reconstruir os processos instintivos, elementares e inconscientes. Os conteúdos da consciência que nos revelam algo a respeito do pano de fundo inconsciente são erroneamente denominados por Freud de *símbolos*. Em sua teoria eles apenas fazem o papel de *sinais* ou *sintomas* de processos subliminares e não o do verdadeiro símbolo que deve ser compreendido como expressão de uma concepção para a qual ainda não se encontrou outra ou melhor. Quando, por exemplo, Platão coloca todo o problema da teoria do conhecimento em sua alegoria da caverna, ou quando Cristo explica o conceito do Reino do Céu em parábolas, podemos considerá-las como verdadeiros e autênticos símbolos, isto é, tentativas de expressar alguma coisa para a qual ainda não existe conceito verbal. Se quiséssemos interpretar a alegoria de Platão de acordo com Freud, chegaríamos evidentemente ao útero e teríamos provado que mesmo o espírito de Platão estava ainda profundamente preso ao primitivo, até mesmo a uma sexualidade infantil. Com isto, porém, teríamos deixado passar completamente despercebido aquilo que Platão criou a partir das condições primitivas da sua concepção filosófica; teríamos deixado escapar o mais essencial dele e descoberto apenas que ele tinha fantasias sexuais infantis como qualquer outro ser mortal. Esta constatação só teria valor para alguém que visse em Platão um ser com características de super-homem e pudesse constatar, com satisfação, que até mesmo Platão era um ser humano. Mas quem poderia considerar Platão um Deus? Somente alguém que estivesse dominado por fantasias infantis, possuindo, portanto, uma mentalidade neurótica. Para este, uma redução às verdades humanas em geral é propícia do ponto de vista médico. Mas nada teria a ver com o sentido da alegoria de Platão.

Demorei falando da relação entre a psicanálise médica e a obra de arte, mas foi proposital porque esta espécie de psicanálise é também a doutrina freudiana. O próprio Freud contribuiu por causa do seu dogmatismo rígido para que, tanto a técnica como a doutrina (no fundo ambas completamente diferentes entre si), fossem consideradas pelo público como idênticas. Esta técnica pode ser aplicada com bons resultados em certos casos médicos sem transformá-la, porém, em doutrina. E contra essa doutrina devemos opor-nos energicamente. Ela se fundamenta em hipóteses bastante arbitrárias: por exemplo, as neuroses não se baseiam exclusivamente em repressões sexuais, nem tampouco as psicoses. Os sonhos não contêm apenas desejos incompatíveis e reprimidos que são encobertos por censura onírica hipotética. A técnica de interpretação freudiana, enquanto permanecer sob a influência de suas hipóteses unilaterais e, por isso, falsas, é de uma arbitrariedade óbvia.

Para fazer justiça à obra de arte, a psicologia analítica deverá despojar-se totalmente do preconceito médico, pois a obra de arte não é uma doença e requer, pois, orientação totalmente diversa da médica. O médico tem que pesquisar as causas de uma doença para extirpar, se possível, o mal pela raiz; o psicólogo, porém, deve adotar uma posição oposta em relação à obra de arte. Com relação à obra de arte é supérfluo investigar o condicionamento prévio a que estão sujeitas todas as pessoas em geral. É preciso perguntar pelo sentido da obra. O condicionamento prévio só interessa na medida em que facilitar a melhor compreensão do sentido. A causalidade pessoal tem tanto ou tão pouco a ver com a obra de arte, quanto o solo tem a ver com a planta que dele brota. Certamente poderemos conhecer determinadas peculiaridades da planta, quando conhecermos as condições de seu habitat. Para o botânico é até um dado importante. Mas ninguém diria que isto basta para compreendermos toda a essência da planta. A insistência no pessoal, surgida da pergunta sobre a causalidade pessoal, é totalmente inadequada em relação à obra de arte, já que ela não é um ser humano, mas algo suprapessoal. É uma coisa e não uma personalidade e, por isso, não pode ser julgado por um critério pessoal. A verdadeira obra de arte tem inclusive um sentido especial no fato de poder se libertar das estreitezas e dificuldades insuperáveis de tudo o que seja pessoal, elevando-se para além do efêmero do apenas pessoal.

108 Devo confessar, por experiência própria, que não é fácil para o médico esquecer o olhar clínico perante uma obra de arte e abstrair da questão da causalidade biológica usual. Aprendi, no entanto, a reconhecer que uma psicologia orientada apenas biologicamente pode ser aplicada a pessoas com certo grau de maturidade, não porém à obra de arte e, por isso, também não ao homem como seu criador. Uma psicologia puramente causal nada mais pode do que reduzir cada indivíduo humano a um membro da espécie do *homo sapiens*, pois, para ela, só existe produto e derivado. Uma obra de arte, porém, não é apenas um produto ou derivado, mas uma reorganização criativa justamente daquelas condições das quais uma psicologia causalista queria derivá-la. A planta não é um simples produto do solo, mas um processo em si, vivo e criador, cuja essência nada tem a ver com as características do solo. Assim, a obra de arte deverá ser considerada uma realização criativa, aproveitando livremente todas as condições prévias. Seu sentido e sua arte específica lhe são inerentes e não se baseiam em suas condições prévias externas; aliás, poderíamos até falar de um ser que utiliza o homem e suas disposições pessoais apenas como solo nutritivo, cujas forças ordena conforme suas próprias leis, configurando-se a si mesma de acordo com o que pretende ser.

Com isto estou me antecipando, pois tenho em mente um gênero especial de obra de arte, gênero este, que ainda preciso apresentar. Pois nem toda obra de arte é criada dessa maneira. Existem obras em prosa e verso que nascem totalmente da intenção e determinação do autor, visando a este ou àquele resultado específico. Neste caso, o autor submete seu material a ser trabalhado a um tratamento com propósito definido, tirando ou adicionando, enfatizando um efeito, atenuando outro, dando um toque colorido aqui, outro acolá, considerando cuidadosamente os possíveis efeitos e observando constantemente as leis do belo e do estilo. Neste trabalho o autor aplica seu julgamento mais criterioso e escolhe com inteira liberdade a expressão desejada. Seu material é para ele apenas material, subordinado ao seu propósito artístico: é *isto* que ele quer produzir e nada além disto. Nesta tarefa, o poeta é, por assim dizer, idêntico ao processo criativo, tanto faz que ele se tenha colocado deliberadamente à frente da moção criadora ou que esta o tenha tomado por inteiro como instrumento, fazendo-o perder qualquer consciência deste fato. Ele é a própria realização criativa e está completamente integrado e identificado com ela com todos os seus propósitos e todo o seu conhecimento. Imagino que não precise dar aqui exemplos da história da literatura ou do testemunho dos próprios poetas.

Sem dúvida alguma também não estou dizendo nada de novo quando me refiro ao outro gênero de obras de arte que saem, por assim dizer, da pena do autor, vindo à luz prontas e completas, inteiramente armadas como Pallas Athene que nasceu da cabeça de Zeus. Essas obras praticamente se impõem ao autor, sua mão é de certo modo assumida, sua pena escreve coisas que sua própria mente vê com espanto. A obra traz em si a sua própria forma; tudo aquilo que ele gostaria de acrescentar, será recusado; e tudo aquilo que ele não gostaria de aceitar, será a ele imposto. Enquanto seu consciente está perplexo e vazio diante do fenômeno, ele é inundado por uma torrente de pensamentos e imagens que jamais pensou em criar e que sua própria vontade jamais quis trazer à tona. Mesmo contra sua vontade tem que reconhecer que nisso tudo é sempre o seu "si-mesmo" que fala, que é a sua natureza mais íntima que se revela por si mesma anunciando abertamente aquilo que ele nunca teria coragem de falar. Ele apenas pode obedecer e seguir esse impulso aparentemente estranho; sente que a sua obra é maior do que ele e exerce um domínio tal que ele nada lhe pode impor. Ele não se identifica com a realização criadora; ele tem consciência de estar submetido à sua obra ou, pelo menos, ao lado, como uma segunda pessoa que tivesse entrado na esfera de um querer estranho.

111 Quando falamos da psicologia da obra de arte devemos, antes de mais nada, ter em mente essas duas possibilidades totalmente diversas da origem de uma obra; pois muita coisa, que é da maior importância para o julgamento psicológico, depende dessa distinção. Schiller já havia sentido essa contraposição pois, como se sabe, ele tentou exprimi-la pelos conceitos *sentimental* e *ingênuo*. A escolha de sua expressão provém do fato de ter considerado principalmente a arte poética. Psicologicamente designamos o primeiro gênero *introvertido* e o segundo, *extrovertido*. O gênero introvertido caracteriza-se pela afirmativa do sujeito e de suas intenções e finalidades conscientes em oposição às solicitações do objeto; em contrapartida, o gênero extrovertido é caracterizado pela subordinação do sujeito às solicitações do objeto. Na minha opinião, as obras dramáticas, assim como grande parte dos poemas de Schiller, dão-nos uma noção bem clara do gênero introvertido em relação ao material. O material é dominado pela intenção do poeta. A segunda parte do *Fausto* ilustra bem o gênero oposto. Aí o material se distingue pela sua obstinada insubordinação. Exemplo melhor ainda poderia ser *Zaratustra* de Nietzsche, onde o próprio autor fala do tornar-se "um em dois".

112 Talvez já tenham percebido, pela minha exposição, qual a mudança que ocorreu do ponto de vista psicológico, quando me propus a não mais falar do poeta como pessoa, mas do processo criador. O ponto de interesse deslocou-se para o último, enquanto o primeiro, de certa maneira, apenas interessa como objeto reagente. Isto torna-se bem claro quando a consciência do autor não mais se identifica com o processo criativo; porém, no primeiro caso, parece, à primeira vista, ocorrer o contrário: o autor é aparentemente o próprio criador completamente livre e sem a mínima coação. Talvez ele próprio esteja plenamente convencido de sua liberdade de ação e se recuse a admitir que sua criação não seja também a expressão de sua vontade, provinda exclusivamente desta e de seu saber.

Aqui deparamo-nos com uma questão a que, baseados no que dizem os próprios poetas sobre a maneira de criarem, provavelmente não poderemos responder; é um problema de natureza científica que só a psicologia tem condições de resolver. Com um poeta aparentemente consciente e em pleno gozo de sua liberdade que produz por si mesmo e cria o que quer, pode acontecer o seguinte: que este poeta, apesar de consciente, esteja absorvido de tal modo pelo impulso criativo, que já nem possa lembrar-se de outra vontade; assim como o outro tipo que não consegue sentir diretamente sua própria vontade na inspiração que se apresenta como alheia, embora o si-mesmo fale claramente por ele. Assim sendo, a convicção do poeta de estar criando com liberdade absoluta seria uma ilusão de seu consciente: ele acredita estar nadando, mas na realidade está sendo levado por uma corrente invisível.

Esta dúvida não surgiu do ar, mas nasceu das experiências da psicologia analítica, cuja pesquisa sobre o inconsciente revelou possibilidades de como o consciente não só pode ser influenciado pelo inconsciente, mas até dirigido por ele. Portanto, a dúvida é justificada. Mas de onde tiramos as provas para supor que até um poeta consciente possa ser dominado pela sua obra? As provas podem ser de natureza direta ou indireta. Provas diretas seriam aqueles casos onde o poeta, naquilo que supõe estar dizendo de modo mais ou menos evidente, diz mais do que ele mesmo percebe. Estes casos não são tão raros. Provas indiretas seriam casos em que, atrás da aparente vontade livre de produção, existe um "imperativo" maior que manifestaria imediatamente a sua exigência imperiosa se ocorresse uma desistência arbitrária da atividade criativa ou quando ocorressem diretamente sérias complicações psíquicas, sempre que sobreviesse uma interrupção involuntária da produção.

A análise prática dos artistas mostra sempre de novo quão forte é o impulso criativo que brota do inconsciente, e também quão caprichoso e arbitrário. Quantas biografias de grandes artistas já demonstraram que o seu ímpeto criativo era tão grande que se apoderava de tudo o que era humano, colocando-o a serviço da obra, mesmo à custa da saúde e da simples felicidade humana! A obra inédita na alma do artista é uma força da natureza que se impõe, ou com tirânica violência ou com aquela astúcia sutil da finalidade natural, sem se incomodar com o bem-estar pessoal do ser humano que é o veículo da criatividade. O anseio criativo vive e cresce dentro do homem como uma árvore no solo do qual extrai seu alimento. Por conseguinte, faríamos bem em considerar o processo criativo como uma essência viva implantada na alma do homem. A psicologia analítica denomina isto *complexo autônomo*. Este, como parte separada da alma e retirada da hierarquia do consciente, leva vida psíquica independente e, de acordo com seu valor energético e sua força, aparece, ou como simples distúrbio de arbitrários processos do consciente, ou como instância superior que pode tomar a seu serviço o próprio Eu. Portanto, o poeta que se identifica com o processo criativo é aquele que diz sim, logo que ameaçado por um "imperativo" inconsciente. Mas aquele que se defronta com a criatividade como força quase estranha não pode, por algum motivo, dizer sim e é pego de surpresa pelo "imperativo".

116   Deveríamos esperar que a diversidade de sua origem fosse palpável numa obra. Pois num dos casos trata-se de uma produção intencional, acompanhada e dirigida pelo consciente, construída com discernimento, com forma e efeito intencionados. No outro caso, porém, trata-se de um acontecimento de natureza inconsciente que se impõe sem a participação da consciência humana e algumas vezes até contra ela, teimando em impor sua forma e efeito. No primeiro caso, deveríamos esperar que, em nenhum lugar, a obra transpusesse as fronteiras da compreensão consciente que, de certa maneira, esgotasse-se dentro dos limites do intencionado e, de forma alguma, dissesse mais do que nela fora posto pelo autor. No segundo caso, teríamos que estar preparados para algo suprapessoal que transcendesse o alcance da compreensão consciente, na mesma proporção em que a consciência do autor estivesse distante do desenvolvimento de sua obra. Poderia se esperar estranheza de forma e imagem, pensamentos que só pudessem ser compreendidos intuitivamente, uma linguagem impregnada de significado, cujas expressões teriam o valor de autênticos símbolos, porquanto expressam, do melhor modo possível, o ainda desconhecido e são pontes lançadas a uma longínqua margem invisível.

117   Estes critérios também são, *grosso modo*, pertinentes. Sempre que se trate de uma obra intencionalmente planejada, com material conscientemente escolhido, as características, tanto do primeiro caso como do segundo, deveriam estar certas. O exemplo, por nós já cita-

do, dos dramas de Schiller, por um lado, e da segunda parte de *Fausto*, por outro, ou melhor ainda, do *Zaratustra*, deveria ilustrar o que acabamos de dizer. Não gostaria de classificar sem mais a obra de um poeta desconhecido nesta ou naquela categoria, sem antes ter examinado, em profundidade, a relação pessoal do poeta com sua arte. Nem é suficiente sabermos se um poeta pertence ao tipo introvertido ou extrovertido, já que os dois tipos têm possibilidade de produzir, ora em atitude introvertida, ora em atitude extrovertida. No caso de Schiller percebemos isto principalmente na diferença entre sua criação poética e sua obra filosófica; no caso de Goethe, na diferença entre os seus poemas de forma perfeita e sua luta pela formação dos conteúdos da segunda parte do *Fausto*, e, no caso de Nietzsche, na diferença entre os seus aforismos e o fluxo contínuo do *Zaratustra*. O mesmo poeta poderá ter atitudes diferentes em relação às suas diferentes obras e a norma a ser aplicada deveria depender de cada situação.

Como se vê, esta questão é altamente complicada. Mas a complicação aumenta se considerarmos o caso, antes descrito, do poeta que se identifica com o processo criativo. Se também a maneira de produzir aparentemente consciente e proposital fosse apenas uma ilusão subjetiva do poeta, então a sua obra também teria aquelas qualidades simbólicas, atingindo o limiar do indefinido e ultrapassando a consciência contemporânea. Estas qualidades ficariam escondidas, pois também o leitor não conseguiria ir além das fronteiras da consciência do autor, determinadas pelo espírito da época. Pois também ele se move dentro das fronteiras da consciência contemporânea, não tendo possibilidades de se apossar de um ponto arquimediano fora do seu mundo, pelo qual pudesse liberar sua consciência das amarras do tempo, ou, em outras palavras, desvendar o símbolo numa obra desse gênero. Mas o símbolo significaria possibilidade e indício de um sentido mais amplo e elevado, além da nossa capacidade de compreensão atual.

Esta questão, como se diz, é delicada. Levanto-a apenas para não restringir, pela minha tipificação, a possibilidade significativa da obra de arte, se bem que, aparentemente, nada mais queira ser ou dizer do que aquilo que efetivamente diz e é. Muitas vezes já nos aconteceu redescobrirmos repentinamente um poeta. Isto ocorre quando nossa evolução consciente já alcançou graus mais elevados, e, a partir deles, o velho poeta nos diz algo de novo. Já existia antes em sua obra, mas era um símbolo escondido que só nos foi permitido ler após uma renovação do espírito da época. Houve necessidade de outros e novos olhos, pois os antigos só poderiam ver o que estavam acostumados a ver. Tais experiências devem nos tornar cautelosos; elas dão razão aos pontos de vista acima expostos. A obra reconhecidamente simbólica não necessita dessa sutileza; sua linguagem cheia de pressentimentos nos diz bem alto: Estou em condições de dizer mais do que realmente digo; eu "entendo" para além de mim. Aqui podemos apropriar-nos do símbolo, apesar de não conseguirmos decifrá-lo satisfatoriamente. O símbolo é sempre um desafio à nossa reflexão e compreensão. Daí o fato de a obra simbólica nos sensibilizar mais, mexer mais com o nosso íntimo e raramente permitir que cheguemos a um deleite estético puro; ao passo que a obra notoriamente não simbólica fala mais genuinamente à sensibilidade estética porque nos permite a contemplação harmônica da sua realização perfeita.

120   E agora a questão: qual a contribuição que a psicologia analítica pode dar ao problema central da criação artística, ao mistério da criatividade? Tudo o que falamos até agora nada mais é do que fenomenologia psíquica. Já que "nenhum espírito criado penetra no âmago da natureza", também não esperemos o impossível de nossa psicologia, ou seja, uma explicação válida do grande segredo da vida que sentimos diretamente na criatividade. Como toda ciência, também a psicologia tem apenas uma modesta contribuição para o melhor e mais profundo conhecimento dos fenômenos da vida, mas está tão longe do saber absoluto quanto suas ciências irmãs.

121   Falamos tanto sobre o *sentido e significação da obra de arte*, que já não podemos ocultar a dúvida que nos assalta em princípio: será que a arte realmente "significa"? Talvez a arte nada "signifique" e não tenha nenhum "sentido", pelo menos não como falamos aqui sobre sentido. Talvez ela seja como a natureza que simplesmente *é* e não "significa". Será que "significação" é necessariamente mais do que simples *interpretação*, que "imagina mais do que nela existe" por causa da necessidade de um intelecto faminto de sentido? Poder-se-ia dizer que arte é beleza e nisso ela se realiza e se basta a si mesma. Ela não precisa ter sentido. A pergunta sobre o sentido nada tem a ver com a arte. Se me colocar dentro da arte, tenho que submeter-me à

verdade dessa afirmação. Quando, porém, falamos da relação da psicologia com a obra de arte, já estamos fora da arte e nada mais nos resta senão especular e interpretar para que as coisas adquiram sentido, caso contrário, nem podemos pensar sobre o assunto. Precisamos reduzir a vida e a história, que se realizam por si mesmas, em imagens, sentido e conceitos, sabendo que, com isso, estamos nos afastando do mistério da vida. Enquanto estivermos presos ao próprio criativo, não vemos nem entendemos, e nem devemos entender, pois nada é mais nocivo e perigoso para a vivência imediata do que o conhecimento. Para o conhecimento, porém, devemos deslocar-nos para fora do processo criativo e olhá-lo desse lado, pois só então ele se tornará imagem que exprime um sentido. Neste caso, não só podemos, mas até devemos falar de sentido. E assim, o que antes era mero fenômeno, transforma-se em algo que, juntamente com outros fenômenos, terá sentido, algo que representará determinado papel, servirá a certos propósitos e terá efeitos significativos. E quando vemos tudo isso, temos a sensação de ter conhecido e esclarecido algo. Desta forma, ficam garantidos os requisitos da ciência.

Quando, há pouco, comparávamos a obra de arte a uma árvore que surge do solo do qual extrai seu alimento, também poderíamos ter usado a comparação, mais corrente, da criança no ventre materno. Como, porém, todas as comparações claudicam, usaremos de preferência, em vez das metáforas, a terminologia mais exata da ciência. Quero lembrar que denominei a obra *in statu nascendi* como um complexo autônomo. Este conceito abrange quase todas as formações psíquicas que se desenvolvem em primeiro lugar bem inconscientemente e só a partir do momento em que atingem o valor limiar da consciência, também irrompem na consciência. A associação que então se dá com a consciência não significa uma assimilação, mas uma percepção. Isto significa que o complexo autônomo é resguardado; não pode ser submetido ao controle consciente, nem à inibição e nem a uma reprodução arbitrária. É nisto precisamente que o complexo se manifesta como autônomo, aparecendo ou desaparecendo de acordo com a tendência que lhe é inerente. É independente do arbítrio da consciência. O complexo criativo compartilha esta peculiaridade com todos os outros complexos autônomos. E é exatamente aqui que surge também a possibilidade de uma analogia com fenôme-

122

nos psíquicos patológicos; e precisamente estes últimos são caracterizados pela presença de complexos autônomos e, dentre eles, sobretudo os distúrbios mentais. A fúria divina do artista se relaciona, perigosamente e de modo real, com o estado patológico, sem contudo identificar-se com ele. A analogia está na existência de um complexo autônomo. A realidade de uma tal existência ainda não significa em si algo patológico, pois pessoas normais também são, temporária ou permanentemente, dominadas por complexos autônomos. Este fato pertence às características normais da psique, e é preciso um alto grau de inconsciência para alguém não se dar conta da existência de um complexo autônomo. Assim, pois, cada atitude típica de certa forma diferenciada tem a tendência de transformar-se num complexo autônomo, e é o que realmente acontece na maioria dos casos. Cada instinto também possui, mais ou menos, as características de um complexo autônomo. Portanto, o complexo autônomo nada tem de doentio em si, apenas sua manifestação frequente e incômoda evidencia sofrimento e doença.

123 Como é que surge então um complexo autônomo? Por alguma razão – cuja análise detalhada nos levaria longe demais – uma região até agora inconsciente da psique é ativada; pela reanimação ela se desenvolve e se amplia mediante inclusão de associações afins. Naturalmente a energia necessária para este fim é retirada do consciente, a não ser que este aconteça identificar-se com o complexo. Não sendo este o caso, surge aquilo que Janet qualificou de *abaissement du niveau mental*. A intensidade de atividades e interesses conscientes diminui gradativamente, surgindo ou uma apatia – condição bastante comum nos artistas – ou um desenvolvimento regressivo das funções conscientes, isto é, uma descida às suas condições infantis e arcaicas, algo como uma degenerescência. As *parties inférieures des fonctions*, como disse Janet, impõem-se: o instintivo sobre o ético, o ingênuo-infantil sobre o ponderado, o adulto e a inadaptação sobre a adaptação. Também isto ficamos conhecendo através da vida de muitos artistas. O complexo autônomo desenvolve-se usando a energia retirada do comando consciente da personalidade.

124 Mas, em que consiste o complexo autônomo criativo? Enquanto a obra concluída não nos permitir um conhecimento de suas bases, quase nada podemos saber sobre isto. A obra nos oferece uma *ima-*

gem elaborada no sentido mais amplo. Esta imagem, enquanto a pudermos conhecer como *símbolo*, é passível de análise. Mas, se não conseguirmos descobrir nela um valor simbólico, estaremos constatando que ela nada mais significa, pelo menos para nós, do que aquilo que ela diz abertamente, ou seja: que ela é para nós nada mais do que aquilo que aparenta. Digo "aparenta" – pois é possível que nossa própria parcialidade não nos permita maiores ideias. De qualquer forma, neste último caso, não encontramos nenhum ensejo ou ponto de partida para a análise. No primeiro caso, recordamos, como um princípio fundamental, a afirmação de Gerhart Hauptmann: "Poesia significa deixar ressoar atrás das palavras a palavra primordial". Traduzida para uma linguagem psicológica, nossa primeira pergunta seria: a que imagem primordial do inconsciente coletivo pode ser reduzida a imagem desenvolvida na obra de arte?

Esta pergunta necessita de explicações em vários sentidos. Como já foi dito, considerei aqui o caso de uma obra de arte simbólica e cuja origem não deve ser procurada no *inconsciente pessoal do autor*, mas naquela esfera da mitologia inconsciente, cujas imagens primitivas pertencem ao patrimônio comum da humanidade. Foi por isso que denominei essa esfera de *inconsciente coletivo*, diferenciando-a de um inconsciente pessoal. Chamo de inconsciente pessoal a totalidade daqueles fenômenos psicológicos que, de per si, estariam capacitados a se tornarem conscientes, e que muitas vezes já o foram, mas que, devido à sua incompatibilidade, estão sujeitos à repressão e, portanto, são mantidos artificialmente abaixo do limiar da consciência. Também dessa esfera fluem para a arte mananciais, mas são turvos e, quando predominantes, fazem da obra de arte não um símbolo, mas um *sintoma*. É bem provável que devamos deixar esse tipo de arte, sem pena ou remorso, por conta do método purgativo freudiano.

Ao contrário do inconsciente pessoal que é, de certo modo, uma camada relativamente superficial situada logo abaixo do limiar da consciência, o inconsciente coletivo não tem, sob condições normais, capacidade de consciência, não podendo ser levado, através de técnica analítica, à rememoração, pois ele não é reprimido nem esquecido. A rigor, o inconsciente coletivo nem existe, pois nada mais é do que uma possibilidade, ou seja, aquela possibilidade que nos foi legada desde os tempos primitivos na forma de imagens mnemônicas, ou, falando em linguagem anatômica, dentro da estrutura cerebral. Ideias inatas não existem; existem possibilidades inatas de ideias que colocam determinados limites também às mais ousadas fantasias, colocam categorias, por assim dizer, à capacidade de fantasiar, colocam certas ideias *a priori*, cuja existência não se pode afirmar sem a experiência. *Elas só aparecem na matéria formada como princípios reguladores de sua formação*; quer dizer, somente por conclusão, após o término da obra de arte, conseguiremos reconstruir o projeto primitivo da imagem primordial.

127   A imagem primordial, ou arquétipo, é uma figura – seja ela demônio, ser humano ou processo – que reaparece no decorrer da história, sempre que a imaginação criativa for livremente expressa. É portanto, em primeiro lugar, uma figura mitológica. Examinando estas imagens mais detalhadamente, constataremos que elas são, de certo modo, o resultado formado por inúmeras experiências típicas de toda uma genealogia. Elas são, por assim dizer, os resíduos psíquicos de inúmeras vivências do mesmo tipo. Elas descrevem a média de milhões de experiências individuais apresentando, dessa maneira, uma imagem da vida psíquica dividida e projetada nas diversas formas do pandemônio mitológico. Mas também as formas mitológicas já são, por si sós, uma elaboração da fantasia criativa aguardando ainda transcrição para uma linguagem compreensível da qual existem apenas inícios dificultosos. Estes conceitos, cuja maioria ainda está por ser criada, poderiam transmitir-nos um conhecimento abstrato e científico dos processos inconscientes que são as raízes das imagens primordiais. Cada uma destas imagens contém um pouco de psicologia e destino humanos, um pouco de dor e prazer repetidos inúmeras vezes na nossa genealogia, seguindo em média também a mesma evolução. É como se fosse o leito de um rio encravado no fundo da psique onde a vida que antes se espalhava sobre grandes, embora pouco profundas, superfícies, de repente se transformasse num poderoso rio caudaloso, quando atinge aquela concatenação especial de circunstâncias que desde sempre contribuíram para a realização da imagem primordial.

128   O momento em que aparece a situação mitológica é sempre caracterizado por uma intensidade emocional peculiar; é como se cordas fossem tocadas em nós que nunca antes ressoaram, ou como se forças poderosas fossem desencadeadas de cuja existência nem des-

confiávamos. A luta pela adaptação é uma coisa penosa, pois temos que nos confrontar constantemente com condições individuais, quer dizer, atípicas. Não é de admirar que, quando alcançarmos uma situação típica, sintamos de repente ou uma libertação toda especial, como se estivéssemos sendo carregados, ou nos sintamos agarrados por uma força superior. Em tais momentos não somos mais indivíduos, mas uma espécie; pois a voz de toda a humanidade ressoa em nós. Por isso, também o indivíduo quase não tem condições de utilizar suas forças plenamente, a não ser que uma dessas representações coletivas, que chamamos ideais, venha em seu auxílio e desencadeie nele todas aquelas forças instintivas às quais a vontade de consciente comum, por si só, jamais teria acesso. Os ideais mais atuantes são sempre variações mais ou menos transparentes de um arquétipo, facilmente reconhecíveis por se prestarem a alegorias, por exemplo a pátria como mãe. No entanto, a força motivadora não deriva da alegoria, mas do valor simbólico da ideia da pátria. O arquétipo é pois a assim chamada *participation mystique* do homem primitivo com a terra em que ele vive e que só abriga os espíritos de seus ancestrais. O estranho traz infortúnio.

Toda referência ao arquétipo, seja experimentada ou apenas dita, é "perturbadora", isto é, ela atua, pois ela solta em nós uma voz muito mais poderosa do que a nossa. Quem fala através de imagens primordiais, fala como se tivesse mil vozes; comove e subjuga, elevando simultaneamente aquilo que qualifica de único e efêmero na esfera do contínuo devir, eleva o destino pessoal ao destino da humanidade e com isto também solta em nós todas aquelas forças benéficas que desde sempre possibilitaram à humanidade salvar-se de todos os perigos e também sobreviver à mais longa noite.

Este é o segredo da ação da arte. O processo criativo consiste (até onde nos é dado segui-lo) numa ativação inconsciente do arquétipo e numa elaboração e formalização na obra acabada. De certo modo a formação da imagem primordial é uma transcrição para a linguagem do presente pelo artista, dando novamente a cada um a possibilidade de encontrar o acesso às fontes mais profundas da vida que, de outro modo, lhe seria negado. É aí que está o significado social da obra de arte: ela trabalha continuamente na educação do espírito da época, pois traz à tona aquelas formas das quais a época mais necessita. Partindo da insatisfação do presente, a ânsia do artista recua até encontrar no inconsciente aquela imagem primordial adequada para compensar de modo mais efetivo a carência e unilateralidade do espírito da época. Essa ânsia se apossa daquela imagem e, enquanto a extrai da camada mais profunda do inconsciente, fazendo com que se aproxime do consciente, ela modifica sua forma até que esta possa ser compreendida por seus contemporâneos. O gênero da obra de arte nos permite uma conclusão sobre a característica da época na qual ela se originou. O que significa para a sua época o realismo, o naturalismo e o romantismo? E o helenismo? São tendências da arte que trazem à tona aquilo de que a respectiva atmosfera espiritual mais necessitava. Sobre o tema – o artista como educador de sua época – poderíamos hoje em dia dissertar mais longamente ainda.

131 Assim como os indivíduos isoladamente, também os povos e as épocas têm suas atitudes ou tendências espirituais características. A própria palavra *atitude* já revela a unilateralidade necessária que acompanha cada tendência determinada. Onde há tendência há exclusão. Exclusão significa que muitos elementos psíquicos, que poderiam participar da vida, não podem fazê-lo por serem incompatíveis com atitudes gerais. O homem normal consegue suportar a tendência geral sem se prejudicar; mas o homem que caminha por atalhos e desvios, que não pode, como o homem normal, andar pelas amplas estradas principais, será o primeiro a descobrir o que se encontra afastado da grande estrada à espera de poder participar da vida. A relativa inadaptação do artista significa para ele uma vantagem real, permite-lhe permanecer afastado da estrada principal, seguir seus próprios anseios e encontrar aquilo de que os outros, sem o saber, sentiam falta. Assim como no indivíduo a unilateralidade de sua atitude consciente é corrigida por reações inconscientes, assim a arte representa um processo de autorregulação espiritual na vida das épocas e das nações.

132 Sei que, dentro dos limites de uma palestra, apenas consegui externar pontos de vista e, mesmo assim, em resumido esboço. Talvez possa esperar que tudo aquilo que não pude dizer, isto é, a aplicação prática na obra de arte poética seja fornecida pelos próprios pensamentos deste auditório, revestindo de carne, sangue e vida o meu abstrato esqueleto intelectual, apenas esboçado.

VII
Psicologia e poesia*¹

Prefácio

Tal como Nietzsche profetizou, a psicologia, que outrora levava uma vida modesta como que num quartinho escondido, mas equipado de modo altamente acadêmico, desenvolveu-se nos últimos decênios, tornando-se um tema de interesse público, além do âmbito delimitado pelas universidades. Sob a forma da psicotécnica, a psicologia influi sobre a empresa industrial; como psicoterapia abrange vastas áreas da medicina, ao passo que sob a forma da filosofia continua herdeira de Schopenhauer e Hartmann. Na realidade, ela redescobriu Bachofen e Carus, e através dela a mitologia e a psicologia dos povos primitivos ganharam um novo interesse. A psicologia revolucionará a ciência das religiões comparadas e não são poucos os teólogos que abrem para ela o acesso à direção espiritual. Nietzsche terá enfim razão com o seu dito: *scientia ancilla psychologiae?*

Hoje, entretanto, este avanço e penetração da psicologia consistem num fluxo confuso de correntes caóticas que buscam ocultar sua falta de segurança pela proclamação enfática de seus pontos de vista e por seu dogmatismo. As tentativas de explorar esses diversos domínios científicos e existenciais, mediante a psicologia, não deixam de ser

---

* [Tradução de Dora Ferreira da Silva e Ruben Siqueira Bianchi].
1. Apareceu pela primeira vez in Emil Ermatinger, *Philosophie der Literaturwissenschaft*, Berlim, 1930. Foi levemente elaborada, com algumas mudanças e acréscimos, in: JUNG C.G., *Gestaltungen des Unbewussten* (cf. Referências). O manuscrito do prefácio foi encontrado posteriormente e é aqui publicado pela primeira vez. Seu teor indica nitidamente que se trata de uma conferência, mas não há maiores detalhes a respeito.

muito unilaterais. Mas unilateralidade e rigidez de princípios são as doenças de criança de cada nova ciência, ao desempenhar seu trabalho pioneiro com alguns instrumentos restritos sob a forma de ideias. Com toda a tolerância e reconhecendo a necessidade de existirem várias opiniões didáticas, chamei insistentemente a atenção para o perigo que representam a unilateralidade e o dogmatismo, e em especial no campo da psicologia. O psicólogo deveria ter sempre presente o fato de que sua hipótese é a expressão de sua própria condição subjetiva, não devendo portanto reivindicar para ela, sem mais nem menos, uma validade geral. Aquilo que, no vasto campo das possibilidades psíquicas, o indivíduo pode oferecer como esclarecimento é por enquanto apenas *um ponto de vista*, e seria uma violência ao objeto tornar um ponto de vista uma verdade obrigatória, mesmo em termos de pretensão. O fenômeno anímico é de fato tão ricamente matizado, multiforme e ambíguo, que se torna impossível captá-lo de um modo completo em um *único* reflexo especular. É impossível também abrangê-lo como um *todo* em nossa representação; devemos contentar-nos, a cada momento, com a elucidação de um aspecto do fenômeno total.

É uma particularidade da alma ser não apenas mãe e origem de toda a ação humana, como também expressar-se em todas as formas e atividades do espírito; não podemos encontrar em parte alguma a essência da alma em si mesma, mas somente percebê-la e compreendê-la em suas múltiplas formas de manifestação. Por isso, o psicólogo é obrigado a adentrar em vários domínios, deixando o castelo seguro de sua especialidade; e isto, não como pretensão ou diletantismo, mas por amor ao conhecimento, em busca da verdade. Ele não conseguirá limitar a alma à estreiteza do laboratório e do consultório médico; deverá persegui-la em domínios talvez estranhos a ele, onde quer que ela atue de modo evidente.

É este o motivo pelo qual falo hoje aos senhores, como psicólogo, sobre a força imagística da poesia, embora ela pertença ao domínio da literatura e da estética e a minha especialidade seja a medicina. Mas a força imagística é também um fenômeno psíquico, e como tal deve ser considerada pelo psicólogo. Isto não significa que esteja me adiantando ao historiador de literatura, ou de estética. Não pretendo de modo algum substituir tais pontos de vista pela perspectiva psicológica. Acaso o fizesse, incorreria no pecado da unilateralidade que eu mesmo censurei. Não me arrogo também apresentar uma teoria completa da criação poética, isto ser-me-ia impossível. Minhas explanações significam apenas meus pontos de vista, a partir das quais poderia orientar-se uma consideração psicológica do fenômeno poético.

Introdução

É certo e até mesmo evidente que a psicologia, ciência dos processos anímicos, pode relacionar-se com o campo da literatura. A alma é ao mesmo tempo mãe de toda ciência e vaso matricial da criação artística. Assim, pois, seria lícito esperar das ciências da alma que, por um lado, pudessem ajudar no tocante ao estudo da estrutura psicológica de uma obra de arte e, por outro, explicar as circunstâncias psicológicas do homem criador. Notemos, entretanto, que essas duas tarefas são essencialmente diferentes.

O estudo de uma obra de arte é o fruto "intencional" de atividades anímicas complexas. Estudar as circunstâncias psicológicas do homem criador equivale a estudar o próprio aparelho psíquico. No primeiro caso, o objeto da análise e interpretação psicológicas é a obra de arte concreta; no segundo, trata-se da abordagem do ser humano criador, como personalidade única e singular. Ainda que a obra de arte e o homem criador estejam ligados entre si por uma profunda relação, numa interação recíproca, não é menos verdade que não se explicam mutuamente. Certamente é possível tirar de um deduções válidas no que concerne ao outro, mas tais deduções nunca são concludentes. No melhor dos casos, exprimem probabilidades e interpretações felizes, e não passam disso. Quando Fausto exclama: "As mães, as mães, isto soa tão estranho!", o que sabemos da relação particular de Goethe com sua mãe deixa transparecer alguma coisa. Mas isto não nos permite compreender o modo pelo qual uma fixação materna pode engendrar um *Fausto*, mesmo que uma intuição profunda nos leve a pensar que os laços maternos desempenharam no homem que foi Goethe um papel significativo, deixando particularmente no *Fausto* traços reveladores. Por outro lado, é impossível, a partir do *Anel dos Nibelungos*, perceber ou deduzir com segurança o fato de que Wagner se sentia atraído por homens travestis; mas a partir daí podemos discernir os caminhos secretos que vão dos traços heroicos dos Nibelungos ao que havia de morbidamente feminino no homem que foi Wagner. A psicologia pessoal do criador revela certos traços em sua obra, mas não a explica. E mesmo supondo que a explicasse, e com sucesso, seria necessário admitir que aquilo que a obra contém de pretensamente criador não passaria de um mero sintoma e isto não seria vantajoso nem glorioso para a obra.

135   O estado atual da ciência psicológica, a qual, seja dito de passagem, é a mais jovem das ciências, não permite de forma alguma estabelecer no campo dos trabalhos literários encadeamentos exatos de causa e efeito; no entanto, é isto que esperaríamos dela, como ciência. A psicologia, porém, só revela encadeamentos causais estritos no domínio semipsicológico dos instintos e dos reflexos. Mas quando começa a vida anímica, isto é, quando abordamos os complexos, a psicologia deve contentar-se em fornecer descrições pormenorizadas dos acontecimentos, oferecendo imagens matizadas de tramas cuja sutileza é quase sobre-humana; deve, entretanto, renunciar à pretensão de impor um só desses elementos como "necessário". Caso contrário, se a psicologia pudesse exibir causalidades indubitáveis no tocante à obra de arte ou à criação artística, todo o âmbito da especulação sobre a arte seria reduzido a um apêndice da psicologia. Mesmo que esta última nunca deva renunciar à pesquisa da causalidade eventual dos processos complexos, é óbvio que sua expectativa jamais será satisfeita, pois os elementos criadores irracionais que se expressam nitidamente na arte desafiarão todas as tentativas racionalizantes. A totalidade dos processos psíquicos que se dão no quadro do consciente pode ser explicada de maneira causal; no entanto, o momento criador, cujas raízes mergulham na imensidão do inconsciente, permanecerá para sempre fechado ao conhecimento humano. Poderemos somente descrevê-lo em suas manifestações, pressenti-lo, mas nunca será possível apresá-lo. Assim, pois, a crítica de arte e a psicologia sempre serão interdependentes, mas o princípio de uma jamais suprimirá o da outra. O princípio da psicologia é o de mostrar o material psíquico como algo decorrente de premissas causais. O princípio da crítica artística é o de considerar a psique apenas como um ente, quer se trate da obra ou do artista. Ambos os princípios são válidos apesar de sua relatividade.

1. A obra

A perspectiva psicológica da obra de arte distingue-se, por suas colocações específicas, da perspectiva literária. Os valores e fatos que são determinantes para esta última podem ser desprovidos de qualquer interesse para a primeira; assim, obras de valor literário extremamente duvidoso podem muitas vezes parecer particularmente interessantes para o psicólogo. O assim chamado romance psicológico, por exemplo, não o interessa, não lhe oferecendo o que nele a perspectiva literária pretende encontrar. Tal romance, considerado como um todo que tem sua razão de ser em si mesmo, explica-se a si próprio; tem por assim dizer sua própria psicologia, que o psicólogo poderia, no máximo, completar ou criticar. Neste caso, porém, seria importante perguntar por que esse autor concebeu tal obra, resposta que o texto em questão não oferece. Cuidaremos deste último problema na segunda parte desta exposição.

Inversamente, o romance não psicológico oferece, em geral, à elucidação do psicólogo melhores possibilidades. O autor não tem intenções psicológicas, não antecipa a psicologia particular de seus personagens; por isso, não só deixa espaço à análise e à interpretação, como as solicita, pela objetividade de suas descrições. Bons exemplos disto são os romances de Benoit e as *fiction stories* inglesas, no gênero de Rider Haggard, que se encaminharam, através de Conan Doyle, para o tipo literário mais apreciado pelas massas: o romance policial. Lembremos aqui o maior romance americano de Melville, o *Moby Dick*. A descrição palpitante dos fatos, ainda que aparentemente alheia a qualquer intenção psicológica, é do maior interesse para o psicólogo, pois toda a narração se edifica sobre um pano de fundo psicológico inexpresso; o olhar crítico irá distingui-lo com tanto maior pureza e clareza quanto mais o autor estiver inconsciente de seus pressupostos. No romance psicológico, pelo contrário, o autor tenta alçar a matéria-prima de sua obra além dos simples acontecimentos, à esfera da discussão e elucidação psicológicas. Por este motivo, o pano de fundo anímico é muitas vezes totalmente obscurecido. O leigo retira muitas vezes suas noções de "psicologia" dos romances desta espécie; quanto aos romances do primeiro tipo, só a psicologia pode conferir seu sentido mais profundo.

138   O que aqui comentamos, baseados no romance, constitui um princípio psicológico que ultrapassa consideravelmente os limites deste gênero literário. Ele é válido também para a poesia e no *Fausto* distingue a primeira da segunda parte. A tragédia amorosa explica-se por si mesma, enquanto a segunda parte exige um trabalho de interpretação. À primeira parte o psicólogo nada tem a acrescentar que o poeta já não o tenha dito, e muito melhor. A segunda parte, pelo contrário, apresenta uma fenomenologia de tal modo prodigiosa, que o poder criador do poeta é como que consumido e até ultrapassado; nela, nada se explica por si mesmo e cada novo verso pede a interpretação do leitor. O *Fausto* caracteriza da melhor maneira possível os dois polos extremos entre os quais, do ponto de vista psicológico, pode mover-se uma obra-prima literária.

139   Para maior clareza, chamemos ao primeiro, o modo psicológico de criar; e ao segundo, o modo visionário. O modo psicológico tem como tema os conteúdos que se movem nos limites da consciência humana; assim, por exemplo, uma experiência de vida, uma comoção, uma vivência passional; enfim, um destino humano que a consciência genérica conhece, ou pelo menos pode pressentir. Esse tema, captado pela alma do poeta, é elevado a partir de uma vivência banal, à altura de sua vivência interior e de tal modo transformado que aquilo que até então parecia trivial, ou que se sentia confusa e penosamente, é colocado, por sua nova expressão, no primeiro plano da consciência do leitor. Assim, o poeta lhe confere um grau superior de clareza e de humanidade. O tema originário, ao qual empresta forma, provém em sua essência da esfera dos homens, de suas alegrias e dores, suscetíveis de renovarem-se indefinidamente. Em sua configuração poética, esse tema será esclarecido e transformado. Dessa maneira o poeta livrou o psicólogo de todo e qualquer trabalho. Ou deveria o psicólogo explicar por que Fausto se apaixona por Margarida, ou por que Margarida comete um infanticídio? Nisso tudo não há mais do que destino humano, que se repete milhares de vezes na monotonia cinzenta dos tribunais de justiça e do código civil; nada permanece na sombra, tudo se explica por si mesmo, de modo convincente.

140   É nesta linha que devem ser situadas inúmeras produções literárias, o romance de *milieu*, o romance social, o romance de família, o romance policial, os poemas didáticos, a maioria dos poemas líricos,

as tragédias e as comédias. Qualquer que seja, em cada caso, sua forma artística, os conteúdos do modo psicológico de criar provêm sempre do domínio da experiência humana, do primeiro plano de suas vivências anímicas mais fortes. Se chamo tal criação artística de "psicológica" é pelo fato de ela mover-se sempre nos limites do que é psicologicamente compreensível e assimilável. Da vivência à sua formulação artística, todo o essencial se desenvolve no domínio da psicologia imediata. O próprio tema psíquico da vivência nada tem em si de estranho; pelo contrário, é-nos sobejamente conhecido. Trata-se da paixão e de suas vicissitudes, dos destinos e de seus sofrimentos, da natureza eterna, seus horrores e belezas.

O abismo entre o primeiro e o segundo *Fausto* também separa o modo *psicológico* do modo *visionário* da criação artística. Neste segundo modo, tudo se inverte: o tema ou a vivência que se torna conteúdo da elaboração artística é-nos desconhecido. Sua essência, estranha, de natureza profunda, parece provir de abismos de uma época arcaica, ou de mundos de sombra e de luz sobre-humanos. Esse tema constitui uma vivência originária que ameaça a natureza, ferindo-a em sua fragilidade e incapacidade de compreensão. O valor e o choque emotivo são acionados pela terribilidade da vivência, a qual emerge do fundo das idades, de modo frio e estranho ou sublime e significativo. Ora a manifestação é demoníaca, grotesca e desarmônica, destruindo valores humanos e formas consagradas, como uma sequência angustiosa do eterno caos, crime de lesa-majestade do homem, usando a expressão de Nietzsche, ora irrompe como uma manifestação cujos altos e baixos a intuição humana não pode sondar, ou como uma beleza que seria vão tentar apreender com palavras. O desconcertante encontro de acontecimentos tão poderosos, que ultrapassam a extensão da sensibilidade e compreensão humanas, exige da criação artística algo diverso das experiências banais, hauridas no primeiro plano da vida cotidiana. Estas últimas nunca rasgam a cortina cósmica, nunca explodem os limites das possibilidades humanas; por isso mesmo, ainda que provocando uma profunda comoção no indivíduo, inserem-se facilmente nas formas da criação artística do homem. A forma visionária, à qual já nos referimos, rasga de alto a baixo a cortina na qual estão pintadas as imagens cósmicas, permitindo uma visão das profundezas incompreensíveis daquilo que ainda

141

não se formou. Trata-se de outros mundos? Ou de um obscurecimento do espírito? Ou das fontes originárias da alma humana? Ou ainda do futuro das gerações vindouras? Não podemos responder a essas questões nem pela afirmativa, nem pela negativa.

Configurar e reconfigurar:
Eterno prazer do sentido eterno.

142   Encontramos uma visão originária desse tipo no *Poimandres*, no *Pastor de Hermas*, em Dante, na segunda parte do *Fausto*, nas vivências dionisíacas de Nietzsche[2], nas obras de Wagner (*o Anel dos Nibelungos, Tristão, Parsifal*), na *Primavera olímpica* de Spitteler, nos desenhos e poemas de William Blake, na *Hipnerotomaquia* do monge Francesco Colonna[3], no balbuciar filosófico-poético de Jacob Boehme[4] e também nas imagens ora magníficas, ora grotescas do *Jarro de ouro* de E.T.A. Hoffmann[5]. De forma mais breve e concisa, uma experiência dessa natureza constitui o conteúdo essencial das obras de Rider Haggard em torno de *Ela, a feiticeira*; citemos também Benoit (principalmente em *Atlântida*), Kubin (em *O outro lado*), Meyrink (principalmente em *A face verde* que não deve ser subestimada), Goetz (em *O reino sem espaço*), Barlach (*O dia morto*) etc.

143   Quando nos defrontamos com o tema da obra de arte psicológica nunca sentimos a necessidade de inquirir em que consiste e o que significa. Mas no tocante às experiências visionárias, essas questões se impõem por si mesmas. Há uma exigência óbvia de comentários, explicações; sentimo-nos surpreendidos, desconcertados, confusos, desconfiados ou, o que é pior, chegamos a experimentar repugnância[6]. Elas nada evocam do que lembra a vida cotidiana, mas tornam

---

2. Cf. *Aufsätze zur Zeitgeschichte*, p. 6s.

3. Agora, baseado nos princípios da psicologia complexa, foi reelaborado por Linda Fierz-David em: *Der Liebestraum des Poliphilo*.

4. Certas provas de Boehme podem ser encontradas em meu artigo: *Zur Empirie des Individuationsprozesses* [posteriormente, em *Psychologie und Alchemie*].

5. Cf. os alentados estudos de Aniela Jaffé: *Bilder und Symbole aus E.T.A. Hoffmanns Maerchen "Der Goldne Topf"*.

6. Pensemos aqui em obras tais como o *Ulisses* de James Joyce, a qual, apesar de sua desintegração niilista e talvez justamente devido a ela, possui uma profundidade significativa [Cf. o capítulo VIII deste volume].

vivos os sonhos, as angústias noturnas, os pressentimentos inquietantes que despertam nos recantos obscuros da alma. O público, em sua grande maioria, recusa-se a tais temas, a não ser que respondam às sensações mais grosseiras; o próprio crítico literário sente-se, às vezes, embaraçado diante desses temas. Dante e Wagner parecem ter facilitado a tarefa dos críticos. No primeiro, a experiência originária revestiu-se de historicidade e, no segundo, de acontecimentos míticos, o que permite, por um mal-entendido, confundi-los com o tema originário. Em ambos, porém, a dinâmica e o sentido profundo não residem nem no material histórico, nem no mítico, e sim nas visões originárias neles expressas. Quanto a Rider Haggard, que é geralmente considerado, de modo compreensível, um escritor de *fiction stories*, seu fio de Ariadne é um mero recurso – que às vezes se emaranha de maneira inquietante – a fim de captar um conteúdo significativo e transcendente.

É curioso constatar que, inversamente ao que se passa em relação à criação psicológica, uma obscuridade profunda cerca a origem dos temas visionários, obscuridade que muitas vezes nos parece premeditada. Com efeito, somos levados a supor – especialmente hoje, sob a influência da psicologia freudiana – que através dessas obscuridades, ora grotescas, ora repletas de pressentimentos profundos, devem figurar experiências pessoais, a partir das quais seria possível explicar a visão singular do caos do artista e também através das quais se confirmaria a impressão de que o poeta teria tentado dissimular suas vivências pessoais. Desta tendência explicativa à suposição de que poderia tratar-se de uma criação mórbida e neurótica não vai um passo. Isto seria justificável se o tema visionário se ativesse a particularidades observáveis nas fantasias dos doentes mentais. Por outro lado, os materiais fornecidos pelos psicóticos são ricos e de um alcance significativo que apenas poderemos encontrar nas produções dos gênios. Somos naturalmente tentados a considerar esse fenômeno sob o ponto de vista da patologia e a interpretar as imagens singulares da experiência visionária como substitutivos e tentativas de camuflagem. Supõe-se, neste caso, que uma experiência íntima precedeu o que eu chamo de "visão originária", experiência caracterizada por uma "incompatibilidade", isto é, por seu caráter inconciliável com certas categorias morais. Imagina-se, por exemplo, que aquela experiência foi um acontecimento amoroso, cujo caráter moral ou estético era incompatível com a personalidade total do artista, ou pelo menos com a ficção do consciente. Por este motivo, o eu do poeta teria tentado reprimir e tornar invisível (isto é, inconsciente), a referida experiência, ou pelo menos seus aspectos essenciais. Nesse sentido, mobilizaria todo o arsenal de uma fantasia patológica; mas como essa tentativa consiste num processo de substituição sendo, portanto, insatisfatória, deve repetir-se, numa série quase inesgotável de figurações. Desse modo nasceria a riqueza pululante de imagens monstruosas, demoníacas, grotescas e perversas, de um lado, como substitutivo da experiência "não aceita", e de outro, a fim de camuflá-la.

145 Essa tentativa de uma psicologia do homem criador suscitou uma onda de interesse considerável, e constitui até agora a única tentativa teórica de explicar "cientificamente" a origem dos materiais visionários, assim como a psicologia dessas obras de arte singulares. Dizendo isto, faço abstração de minha própria posição, supondo que ela é menos conhecida e menos compreendida do que a concepção que acabo de esboçar.

146 Ora, a redução de uma vivência visionária a uma experiência pessoal a transforma em algo de inadequado, um mero "substitutivo". Com isso, o conteúdo visionário perde seu "caráter originário", a visão originária é reduzida a um simples sintoma e o caos degenera a ponto de não ser mais do que uma perturbação psíquica. Tal explicação enquadra-se tranquilamente nos limites do cosmos bem ordenado, cuja razão prática nunca pretendeu ser algo de perfeito. Suas imperfeições inevitáveis são anomalias e doenças que também fazem parte da natureza humana e esta é uma suposição básica. A visão perturbadora dos abismos existentes além do humano então se revela como pura ilusão e o poeta, um enganador enganado. Sua vivência originária era "humana, demasiado humana", de tal forma que ele nem mesmo pôde enfrentá-la, escondendo-a de si mesmo.

147 Será bom encarar as consequências inevitáveis dessa *redução à anamnese pessoal*, o que faria perder de vista a meta desta atitude explicativa: ela se desvia da psicologia da obra de arte para concentrar-se na psicologia do poeta. Esta última não pode ser negada. Mas a primeira também tem seu lugar, não podendo ser eliminada por um

simples *tour de passepasse*, que consiste em querer fazê-la uma simples expressão de um complexo pessoal. Não nos interessa indagar aqui para que a obra de arte serve ao poeta; se serve de prestidigitação, de camuflagem, ou se representa para ele um sofrimento ou uma ação. Nossa tarefa é explicar psicologicamente a obra de arte. Para isso, é necessário encarar com atenção o seu embasamento, ou seja, a vivência originária, já que a ninguém ocorreria questionar a realidade e seriedade do tema sobre o qual é erigida a obra de caráter psicológico. Sem dúvida, no caso da visão originária, é muito mais difícil fazer a profissão de fé requerida, porquanto nesta última se apresenta algo que não tem correspondência na experiência corrente. Ela remete fatalmente a uma metafísica obscura, a ponto da razão, ainda que benevolente, não desejar intervir. Conclui-se então que tais coisas não podem ser levadas muito a sério, pois de outro modo o mundo poderia recair na superstição e no obscurantismo. Quem não tiver uma vocação especificamente "ocultista" encarará a vivência originária como uma "imaginação rica", ou como "caprichos e licenças poéticas". Certos poetas reforçam esta atitude, mantendo em relação à sua obra uma distância salutar. Spitteler, por exemplo, sugere que, em lugar de *Primavera olímpica*, poderia muito bem dizer: "o mês de maio chegou". Poetas também são homens e o que um poeta diz de sua obra frequentemente não é o que de melhor pode ser dito sobre ela. O importante é defender a seriedade da vivência originária, mesmo contra as resistências do poeta.

O *Pastor de Hermas*, a *Divina comédia* e o *Fausto* são entretecidos de ecos e ressonâncias de vivências amorosas da juventude; mas sua consumação e coroamento são-lhes outorgados por uma vivência originária. Não temos qualquer motivo para supor que a vivência normal do primeiro *Fausto* seja negada ou camuflada no segundo. Da mesma forma, não há razão alguma que nos leve a acreditar que ao escrever a primeira parte do *Fausto* ele estivesse num estado normal, e neurótico, ao escrever a segunda. Na grande sequência que vai de Hermas a Goethe, passando por Dante, ao longo de quase 2.000 anos, encontramos sempre a experiência amorosa pessoal, não somente acrescentada, como também subordinada a uma grande experiência visionária. Tais testemunhos são significativos, pois comprovam que, abstração feita da psicologia pessoal do poeta, a visão cons-

148

titui, no âmago da obra de arte, uma vivência mais profunda do que a paixão humana. No que diz respeito à obra de arte, a qual nunca deve ser confundida com aquilo que o poeta tem de pessoal, é indubitável que a visão é uma vivência originária autêntica, apesar das restrições do racionalismo. Ela não é algo de derivado, nem de secundário, e muito menos um sintoma; é um *símbolo real*, a *expressão de uma essencialidade desconhecida*. Assim como a vivência amorosa representa a experiência de um fato real, o mesmo se dá com a visão. Pouco nos importa se seu conteúdo é de natureza física, anímica ou metafísica. Ela constitui uma realidade psíquica, que tem pelo menos a mesma dignidade que a realidade física. A vivência da paixão humana encontra-se dentro dos limites da consciência, ao passo que o objeto da visão é vivido fora desse quadro. No sentimento, vivenciamos coisas conhecidas; a intuição, no entanto, conduz-nos a áreas desconhecidas e ocultas, a coisas que, por sua natureza, são secretas. Ao se tornarem conscientes, são intencionalmente veladas e dissimuladas; por isso, desde tempos imemoriais, são associadas àquilo que é secreto, inquietante e dúbio. Elas se escondem ao olhar do homem e este delas se esconde por um temor supersticioso, protegendo-se com o escudo da ciência e da razão. O cosmos é sua crença diurna, que deve preservá-lo da angústia noturna do caos – o século das luzes frente à crença na noite! Pois como poderia haver algo de vivo e atuante além do mundo humano diurno? Necessidades e inelutabilidades perigosas? Coisas dotadas de maior intencionalidade do que os eléctrons? Seria mera presunção imaginar que possuímos e dominamos a nossa própria alma se o que a ciência chama de "psique" é apenas um ponto de interrogação fechado na calota craniana? E se for enfim uma porta aberta, pela qual entra o desconhecido, o que atua em segredo, proveniente de um mundo metaumano, capaz de arrancar o homem de sua humanidade, nas asas da noite, conduzindo-o a uma servidão e destino transpessoais? Às vezes parece que a experiência sentimental tem apenas uma ação desencadeante; em certos casos parece até mesmo que é "arranjada" para um determinado fim, e o aspecto humano e pessoal não passariam de mero prelúdio à "divina comédia", a única essencial.

149   A obra de arte desta espécie não é a única que provém da esfera noturna; os visionários e profetas dela se aproximam, como diz com muito acerto Santo Agostinho: "E subíamos ainda, cogitando interi-

ormente, conversando e admirando as tuas obras; e entramos em nossas mentes e as transcendemos, atingindo a região da fecundidade que não falha, onde alimentas eternamente Israel com o alimento da verdade e onde a vida é sabedoria [...]"[7] também nesta esfera que incorrem os grandes malfeitores e os grandes destruidores que obscurecem a face de uma época e também os dementes que se aproximam demasiadamente do fogo... "Quem de vós poderia habitar junto a um fogo devorador"? Quem de vós, junto ao ardor eterno?"[8] Diz-se com toda a razão: "Deus começa por tornar louco a quem quer perder"[9]. Por mais obscura e inconsciente que seja esta esfera não se pode julgá-la desconhecida, pois sempre se manifestou em todos os tempos e lugares. Para o primitivo, é um elemento natural e constitutivo de seu mundo e da imagem que tem dele. Apenas nós a excluímos por temor à superstição e afastando a metafísica, a fim de construir um mundo de consciência seguro e manejável, dentro do qual reinam as leis da natureza, da mesma forma que as leis humanas reinam num Estado bem ordenado. Mas o poeta discerne, às vezes, as imagens do mundo noturno, os espíritos, demônios e deuses, os emaranhados secretos do destino, assim como a intencionalidade supra-humana e as coisas indizíveis que se desenrolam no *pleroma*. Discerne, às vezes, algo do mundo psíquico, que é ao mesmo tempo o terror e a esperança do primitivo. Seria interessante pesquisar se a reserva relativa à superstição que se estabeleceu nos tempos modernos e a explicação materialista do mundo não representam derivados e uma espécie de continuação da magia e do medo primitivos dos espíritos. Em todo caso, a fascinação que a psicologia das profundezas exerce, bem como as violentas resistências que contra ela se levantam, entrariam neste capítulo.

---

7. *Confessiones*, lib. IX, cap. X: "Et adhuc ascendebamus interius cogitando, et loquendo, et mirando opera tua; et venimus in mentes nostras, et transcendimus eas, ut attingeremus regionem ubertatis indeficientis, ubi pascis Israel in aetermum veritatis pabulo, et ubi vita sapientia est..."
8. Is 33,14: "Quis poterit habitare de vobis cum igne devorante? Quis habitabit ex vobis cum ardoribus sempiternis?"
9. "Quem Deus vult perdere prius dementat".

150 Desde os primórdios da sociedade humana encontramos vestígios dos esforços psíquicos para encontrar formas propiciatórias e exorcismos próprios para invocar ou expulsar realidades obscuramente pressentidas. Já em antiquíssimos desenhos rodesianos da Idade da Pedra distinguimos, ao lado da representação fiel dos animais, um desenho abstrato, uma cruz de oito ramos inscrita num círculo; ela se encontra sob esta forma em todas as culturas, não só, por exemplo, nas igrejas cristãs, como também nos mosteiros tibetanos. Esse desenho, denominado a roda solar, que provém de épocas e civilizações que não conheciam a roda, só em parte parece ter resultado de uma experiência exterior. Ela é principalmente um símbolo, uma experiência interior, e provavelmente foi reproduzida com tanta fidelidade quanto o célebre rinoceronte dos pássaros! Não há cultura primitiva que não tenha possuído um sistema frequentemente bastante desenvolvido de doutrinas iniciáticas secretas; estas, por um lado, referem-se a coisas obscuras que ultrapassam o mundo humano e diurno e suas lembranças e, por outro lado, dizem respeito à sabedoria que deve reger a ação dos homens[10]. As tribos e os clãs totêmicos conservam esse saber, que era veiculado nas iniciações masculinas. Os antigos fizeram o mesmo em seus mistérios e sua rica mitologia é uma relíquia dos primeiros estágios de experiências semelhantes.

151 Por este motivo, é perfeitamente válido e legítimo que o poeta se apodere novamente de figuras mitológicas para criar as expressões de sua experiência íntima. Nada seria mais falso do que supor que se recorre, nesse caso, a um tema tradicional. Ele cria a partir da vivência originária, cuja natureza obscura necessita das figuras mitológicas, e, por isso, o artista busca avidamente as que lhe são afins para exprimir-se através delas. A vivência originária é carente de palavra e imagem, tal como uma visão num "espelho que não reflete". A vivência originária é um pressentimento poderoso que quer expressar-se, um turbilhão que se apodera de tudo o que se lhe oferece, imprimindo-lhe uma forma visível. Mas como a expressão nunca atinge a plenitude da visão, nunca esgotando o que ela tem de inabarcável, o poeta muitas vezes necessita de materiais quase monstruosos, ainda

---

10. As *Stammeslehren der Dschagga* de Bruno Gutmann correspondem a três volumes, com nada menos de 1.975 páginas.

que para reproduzir apenas aproximativamente o que pressentiu. Não pode, pois, prescindir da expressão contraditória e rebelde se quiser revelar o paradoxo inquietante de sua visão. Dante estende sua vivência, fazendo apelo a todas as imagens que vão do inferno, até o purgatório e o céu. Goethe precisa do monte das bruxas e do mundo telúrico da Grécia; Wagner, de toda a mitologia nórdica e da riqueza da lenda do Parsifal; Nietzsche recorre ao estilo sagrado dos ditirambos e dos visionários da Antiguidade; Blake recorre às fantasmagorias da Índia, ao mundo de imagens da Bíblia e do Apocalipse, e Spitteler empresta velhos nomes a novas figuras, que jorram numa multiplicidade quase aterradora da cornucópia de abundância de sua poesia. E nada falta na escala que vai do incompreensível e sublime até o perverso e grotesco.

A psicologia contribui para elucidar a essência dessa manifestação múltipla, principalmente através da terminologia e de materiais comparativos. O que aparece na visão, com efeito, é uma imagem do *inconsciente coletivo*, a saber, da estrutura inata e peculiar dessa psique que constitui a matriz e a condição prévia da consciência. De acordo com a lei filogenética, a estrutura psíquica, da mesma forma que a anatômica, deve conter os degraus percorridos pela linhagem ancestral. No que concerne ao inconsciente, isto de fato se verifica. Durante o eclipse da consciência, nos sonhos ou nas doenças mentais vêm à superfície conteúdos que apresentam todas as características da condição anímica primitiva, não só pela forma como também pelo sentido; assim, muitas vezes somos tentados a supor que tais conteúdos constituem fragmentos de antigas doutrinas esotéricas. São numerosos os motivos mitológicos que emergem, embora dissimulados na linguagem moderna das imagens. Não se trata da águia de Zeus ou do Pássaro Roca, mas de um avião. O combate dos dragões é substituído por uma colisão ferroviária. O herói que mata o dragão é encarnado por um tenor, interpretando figuras heroicas, no Teatro Municipal, a mãe ctônica é figurada por uma gorda vendedora de legumes; Plutão raptando Prosérpina é um motorista perigoso etc. O mais importante, porém, especialmente para a crítica literária é o fato das manifestações do inconsciente coletivo possuírem um caráter compensatório em relação a situação consciente; dessa forma uma vida inconsciente unilateral, desadaptada ou até mesmo perigo-

152

sa, tende a ser resposta e equilíbrio. A mesma função compensatória também aparece na sintomatologia das neuroses e nas ideias delirantes dos doentes mentais; nestas, as manifestações compensatórias são, com frequência, bastante evidentes. Assim, por exemplo, indivíduos que se fecham temerosos, a toda influência exterior supõem de repente que todos conhecem e comentam seus segredos mais íntimos. Naturalmente nem todas as compensações tem o caráter tão evidente. As de caráter neurótico são de uma natureza muito mais sutil; as que se manifestam nos sonhos em geral e, em particular, no próprio sonho, de início parecem impenetráveis, não somente aos leigos como também aos especialistas, por mais claras que depois se revelem mediante a compreensão. Mas é bem sabido que as coisas mais simples são, às vezes, as mais difíceis e eu prefiro remeter meus leitores aos trabalhos já publicados.

153   Se renunciarmos a ver no *Fausto*, por exemplo, apenas a expressão de uma compensação pessoal à situação consciente de Goethe, devemos indagar como se relaciona tal obra com a *consciência da época* e se essa relação também não deve ser encarada como uma compensação. Creio que seria negligenciar o essencial pretender reduzir ao domínio pessoal esse monumento poético que se alicerça na alma da humanidade. Sempre que o inconsciente coletivo se encarna na vivência e se casa com a *consciência da época*, ocorre um ato criador que concerne a toda a época; a obra é, então, no sentido mais profundo, uma mensagem dirigida a todos os contemporâneos. Eis por que o *Fausto* faz vibrar algo na alma de todo alemão (como já observou Jacob Burckhardt)[11], e por que a glória de Dante é imortal. Eis por que, também, o *Pastor de Hermas* é um livro quase canônico. Todas as épocas têm sua unilateralidade, seus preconceitos e males psíquicos. Cada época pode ser comparada à alma de um indivíduo: apresenta uma situação consciente específica e restrita, necessitando por esse motivo de uma compensação. O inconsciente coletivo pode proporcionar-lhe tal instrumento, mediante o subterfúgio de um poeta ou de um visionário, quando este exprime o inexprimível de uma época, ou quando suscita pela imagem ou pela ação o que a necessidade negligenciada de todos

---

11. Cartas a Albert Brenner (*Basler Jahrbuch* 1901, p. 91s.).

está almejando; isto, tanto para o bem quanto para o mal, para a salvação, ou para destruição dessa época.

É perigoso falar do tempo em que vivemos, pois é enorme a extensão daquilo que hoje esta em jogo[12]. Contentemo-nos com algumas alusões. A obra de Francesco Colonna é uma apoteose do amor na forma de um sonho literário; não se trata da história de uma paixão, mas da representação de uma relação com a *anima*, isto é, com a imago negativa do feminino encarnado na figura fictícia de Polia. A relação desenrola-se numa forma arcaica e pagã, o que é digno de nota, pois o autor, segundo pouco que dele sabemos, teria sido um monge. Sua obra põe em confronto com a face cristão-medieval o mundo simultaneamente mais antigo e mais novo que surge do Hades, o Hades que é ao mesmo tempo túmulo e mãe geradora[13]. No plano mais alto, Goethe tece nos dédalos multicores do *Fausto*, com fio vermelho, o motivo de Margarida – Helena – Mater Gloriosa – Eterno Feminino. Nietzsche anuncia a morte de Deus e em Spitteler o desabrochar e fenecimento dos deuses como que se torna um mito das estações do ano. Esses poetas falam por milhares e dezenas de milhares de seres humanos, proclamando de antemão as metamorfoses da consciência de sua época. Linda Fierz diz que a *Hipnerotomaquia* de Polifilo "é o símbolo do processo evolutivo vivo que, invisível e incompreensível, consumou-se entre os homens de seu tempo, gerando o Renascimento e o início dos tempos modernos"[14]. Já na época de Colonna se preparava, por um lado, o enfraquecimento da Igreja através do cisma e, por outro, a época das grandes viagens e das grandes descobertas científicas. Um mundo terminava e a aurora de um novo éon surgia, antecipado pela figura paradoxal e rica de contrastes de Polia, a alma moderna do monge Francesco. Três séculos depois do cisma religioso e da descoberta científica do mundo, Goethe traça o retrato do homem fáustico, e hipertrofiado a ponto de aproximar-se das proporções divinas e tenta, sentindo a inumanidade de tal figura, uni-lo ao eterno feminino da Sofia maternal. Esta última

154

---

12. Escrevi isto em 1929.
13. Cf. os estudos de Linda Fierz-David, Op. cit., p. 239s.
14. Op. cit., p. 38.

aparece como uma forma suprema da *anima*, despojada da crueldade pagã da ninfa Polia. Esta tentativa de compensação não teve efeito durável, pois Nietzsche apoderou-se de novo do super-homem, que se precipitou em sua própria perdição. Compare-se o *Prometeu* de Spitteler[15] com o drama contemporâneo que vivemos e compreender-se-á o que pretendo dizer quando falo do significado profético das grandes obras de arte[16].

2. O poeta

155   O segredo do mistério criador, assim como o do livre-arbítrio, é um problema transcendente e não compete à psicologia respondê-lo. Ela pode apenas descrevê-lo. Do mesmo modo, o homem criador também constitui um enigma, cuja solução pode ser proposta de várias maneiras, mas sempre em vão. Não há dúvida de que a psicologia moderna ocupou-se, às vezes, com o problema do artista. Freud acreditou ter encontrado a chave que lhe permitiria penetrar na obra de arte, a partir da esfera das vivências pessoais do artista[17]. Encontramos aqui certas possibilidades; acaso não seria lícito fazer derivar a obra de arte dos "complexos", como, por exemplo, numa neurose? De fato, a grande descoberta de Freud foi a de que as neuroses possuem uma etiologia anímica bem definida, isto é, derivam de causas emocionais e de vivências da primeira infância, quer sejam estas de natureza fantástica ou real. Alguns de seus discípulos, particularmente Rank e Stekel, trabalharam sobre bases semelhantes, alcançando também resultados semelhantes. Não se pode negar que a psicologia pessoal do poeta eventualmente se encontra nas raízes e mesmo nas ramificações mais tênues de sua obra. Esta concepção, de que o mundo pessoal do poeta influencia sob muitos aspectos a escolha e a forma de sua temática, não tem em si nada de muito original; mas é indubitavelmente um mérito da escola freudiana haver demonstrado a extensão da influência do mundo pessoal do poeta em sua própria

---

15. Eu me refiro à primeira versão em prosa.
16. Cf. *Psychologische Typen* (Tipos psicológicos), 5. ed., 1950, p. 257s. [Ges. Werke VI].
17. Cf. FREUD. *Der Wahn und die Träume in W. Jensens "Gradiva"* e *Leonardo da Vinci*.

obra, e ter revelado os modos singulares e as analogias mediante os quais ela se produz.

A neurose é, para Freud, uma satisfação substitutiva. É também algo de inadequado, um erro, um pretexto, uma espécie de desculpa, um modo de não querer encarar as coisas; em resumo, é alguma coisa de essencialmente negativa, que seria melhor não existir. Mal se pode ousar dizer. Uma palavra a favor da neurose, que parece uma perturbação inoportuna e desprovida de qualquer sentido. A obra de arte, aparentemente passível de ser analisada como uma neurose, e à base dos recalques pessoais do poeta, de fato se insere na vizinhança problemática da neurose; mas nem por isso fica em má companhia, uma vez que Freud coloca a religião, a filosofia etc., na mesma situação. Se nos ativermos apenas a esse modo de considerar a questão, ressaltando explicitamente os condicionamentos pessoais que nunca deixam de comparecer, não haveria qualquer objeção a fazer. Mas se pretendermos, mediante essa análise, esclarecer a essência mesma da obra de arte, então é preciso rejeitar categoricamente tal pretensão. A essência da obra de arte não é constituída pelas particularidades pessoais que pesam sobre ela – quanto mais numerosas forem, menos se tratará de arte; pelo contrário, sua essência consiste em elevar-se muito acima do aspecto pessoal. Provinda do espírito e do coração, fala ao espírito e ao coração da humanidade. Os elementos pessoais constituem uma limitação, e mesmo um vício da arte. Uma "arte" que fosse única ou essencialmente pessoal mereceria ser tratada como uma neurose. Quando a escola freudiana pretende que todo artista possua uma personalidade restrita, infantil e autoerótica, tal julgamento poderá ser válido para o artista enquanto pessoa, mas não para o criador que há nele. Este último não é nem autoerótico, nem heteroerótico e nem mesmo erótico, mas constitui em supremo grau uma realidade impessoal e até mesmo inumana ou sobre-humana, pois enquanto artista ele é sua obra, e não um ser humano.

Todo ser criador é uma dualidade ou uma síntese de qualidades paradoxais. *Por um lado, ele é uma personalidade humana, e por outro, um processo criador, impessoal.* Enquanto homem, pode ser saudável ou doentio; sua psicologia pessoal pode e deve ser explicada de um modo pessoal. Mas enquanto artista, ele não poderá ser compreendido a não ser a partir de seu ato criador. Assim, por exemplo, seria um equívoco grosseiro tentar explicar mediante uma etiologia pessoal as maneiras de um *gentleman* inglês, as de um oficial prussiano, ou as de um cardeal. O *gentleman*, o oficial e o prelado representam papéis objetivos e impessoais, que implicam uma psicologia objetiva inerente aos mesmos. Ainda que o artista se situe nos antípodas da oficialidade, mesmo assim não deixa de existir uma analogia secreta entre eles, na medida em que a psicologia específica do artista constitui um assunto coletivo e não pessoal. Isto, porque a arte, nele, é inata como um instinto que dele se apodera, fazendo-o seu instrumento. Em última instância, o que nele quer não é ele mesmo enquanto homem pessoal, mas a obra de arte. Enquanto pessoa, tem seus humores, caprichos e metas egoístas; mas enquanto artista ele é, no mais alto sentido, "homem", e *homem coletivo*, portador e plasmador da alma inconsciente e ativa da humanidade. É esse o seu ofício, cuja exigência às vezes predomina a ponto de pedir-lhe o sacrifício da felicidade humana e de tudo aquilo que torna valiosa a vida do homem comum. C.G. Carus diz:

> Aquele a quem chamamos de gênio se caracteriza por sua maneira especial de manifestar-se; um tal espírito, superiormente dotado, é marcado pelo fato de que, por plenas que sejam sua liberdade e a clareza de sua vida, é determinado e conduzido em tudo pelo inconsciente, esse deus misterioso que o habita; assim, visões dele brotam, sem que ele saiba de onde vieram; é impelido a agir e a criar, sem saber para que fim; dominado por um impulso que o leva ao devir e ao desenvolvimento, ele mesmo não sabe por quê[18].

Nessas circunstâncias não é de admirar-se que precisamente o artista – tomado em sua totalidade – proporcione um rico material para um tipo de psicologia analítica de caráter crítico. Sua vida é necessariamente cheia de conflitos, uma vez que dois poderes lutam dentro dele. Por um lado, o homem comum, com suas exigências legítimas de felicidade, satisfação e segurança vital e, por outro, a paixão criadora e intransigente, que acaba pondo por terra todos os desejos pessoais. Por isso, o destino pessoal de tantos artistas é na maior parte

---

18. *Psyche*, p. 158.

das vezes tão insatisfatório e mesmo trágico e isto, não devido a um sombrio desígnio da sorte, mas sim a uma inferioridade ou a uma faculdade deficiente de adaptação de sua personalidade humana. São raros os homens criadores que não pagam caro a centelha divina de sua capacidade genial. É como se cada ser humano nascesse com um capital limitado de energia vital. A dominante do artista, isto é, seu impulso criador, arrebatará a maior parte dessa energia, se verdadeiramente for um artista; e para o restante sobrará muito pouco, o que não permite que outro valor possa desenvolver-se. O lado humano é tantas vezes de tal modo sangrado em benefício do lado criador, que ao primeiro não cabe senão vegetar num nível primitivo e insuficiente. Tal fenômeno se exprime frequentemente como puerilidade e negligência, ou como um egoísmo ingênuo e intransigente (o assim chamado "autoerotismo"), como vaidade e outras fraquezas. Essas inferioridades são significativas, pois devido a elas poderá ser encaminhada para o eu uma quantidade suficiente de energia vital. O eu necessita dessas formas vitais inferiores, porque senão sucumbiria a uma privação total. O autoerotismo pessoal de certos artistas pode ser comparado ao de certos filhos ilegítimos ou negligenciados, que precisaram defender-se precocemente contra o efeito destruidor de um ambiente desprovido de afeição, desenvolvendo em si mesmos traços negativos. Tais crianças, com efeito, tornam-se muitas vezes abusivamente egocêntricas, quer passivamente, permanecendo infantis e frágeis durante toda a vida, quer ativamente, revoltando-se contra a moral vigente e as leis. É evidente que o artista deve ser explicado a partir de sua arte, e não através das insuficiências de sua natureza e de seus conflitos pessoais. Estes não são, muitas vezes, senão as consequências lamentáveis do fato de ser ele um artista, isto é, um homem ao qual coube um fardo mais pesado do que aquele que é levado pelos demais. Quando os dons são maiores exigem um maior dispêndio de energia; por isso, o balanço positivo de um lado é acompanhado pelo balanço negativo do outro.

Quer pense o poeta que sua obra nele se cria, germina e amadurece, quer imagine que deliberadamente dá forma a uma invenção pessoal, isto em nada altera o fato de que na realidade a obra nasce de seu criador, tal como uma criança, de sua mãe. A psicologia da criação artística é uma psicologia especificamente feminina, pois a obra criadora jorra das profundezas inconscientes, que são justamente o domínio das mães. Se os dons criadores prevalecem, prevalece o inconsciente como força plasmadora de vida e destino, diante da vontade consciente; neste caso, a consciência será muitas vezes arrastada pela força impetuosa da torrente subterrânea, tal como uma testemunha desamparada dos acontecimentos. A obra em crescimento é o destino do poeta e é ela que determina sua psicologia. Não é Goethe quem faz o *Fausto*, mas sim a componente anímica *Fausto* quem faz Goethe[19]. E afinal, o que é *Fausto*? É um *símbolo*, e não apenas uma indicação semiótica ou uma alegoria de algo há muito conhecido, a expressão de um dado antigo, vivo e atuante na alma alemã, que Goethe devia dar à luz. É concebível que um escritor não alemão tivesse podido escrever um *Fausto*, ou um *Assim falava Zaratustra*? Essas duas obras aludem a um mesmo elemento que vibra na alma alemã, a uma "imagem originária", como disse certa vez Jacob Burckhardt, imagem que corresponde à figura de um médico e professor, que é também um feiticeiro sombrio: o arquétipo do sábio que, por um lado, é portador de auxílio e salvação e, por outro, é um mágico, ilusionista, sedutor e também o diabo. Esta imagem está enterrada no inconsciente, desde os tempos primordiais, onde dormita até que a graça ou a desgraça de uma época a desperte, em geral, no momento em que um grave erro desvia o povo do reto caminho. Quando ocorre este descaminho, deve apelar-se a *Führers*, a "Mestres", e mesmo ao médico. O falso caminho de sedução atua como um veneno, que também poderia ser um remédio, e a sombra do salvador é representada como um destruidor diabólico. Esta força dos opostos se expressa anteriormente no médico mítico: o médico que cura feridas tem, ele mesmo, uma ferida. Chiron é o exemplo clássico[20]. No domínio

---

19. O sonho de Eckermann, no qual o par Fausto e Mefisto cai sobre a terra como um meteoro duplo, lembra o motivo dos Dióscuros (cf. minhas conferências "Über Wiedergeburt" e o motivo do par de amigos em *Gestaltungen des Unbewussten*) que simboliza uma particularidade essencial da psique goetheana. A observação de Eckermann de que a figura alada e levemente cornuda de Mefisto lembra a de Mercúrio, é de uma sutileza particular. Esta observação concorda inteiramente com a natureza alquímica e com a essência da obra-prima de Goethe (Agradeço essa lembrança em relação aos colóquios de Eckermann a uma observação amigável de meu colega W. Kranefeldt).

20. Em relação a este motivo, cf. KERÉNYI, *Der göttliche Arzt*, p. 84s.

cristão, a ferida no flanco de Cristo, o maior dos médicos, é a expressão deste fato. Mas Fausto – e isto é bem característico – não é um homem ferido, nem é afetado pelo problema moral. Pode-se, com o risco de cindir a própria personalidade, manter ao mesmo tempo uma alta altitude moral e ser diabólico; só nesta situação pode alguém sentir-se "a seis mil pés além do bem e do mal". Mefisto foi aparentemente privado da indenização à qual tinha direito; mas eis que ela reaparece cem anos depois sob a forma de uma dívida sangrenta. Mas quem acredita seriamente que o poeta exprime a verdade de todos? E se fosse esse o caso, em que quadro dever-se-ia considerar a obra de arte?

Um arquétipo em si mesmo não é bom, nem mau. É um *numen* moralmente indiferente. Só através de sua confrontação com o consciente torna-se uma coisa ou outra, ou então uma dualidade de opostos. Esta inflexão para o bem ou para o mal é determinada consciente ou inconscientemente pela atitude humana do sujeito. São numerosas as imagens primordiais desta espécie. Por muito tempo não se manifestam, nem nos sonhos dos indivíduos, nem nas obras de arte, até serem provocadas e ativadas pelos extravios da consciência que se afastou demasiadamente do caminho do meio. Quando a consciência se extravia numa atitude unilateral e, portanto, falsa, esses "instintos" são vivificados e delegam suas imagens aos sonhos dos indivíduos e às visões dos artistas e visionários, restabelecendo assim novamente o equilíbrio anímico.

Desse modo, as necessidades anímicas de um povo são satisfeitas na obra do poeta e por este motivo ela significa verdadeiramente para seu autor, saiba ele ou não, mais do que seu próprio destino pessoal. Ele é, no sentido mais profundo, um instrumento de sua obra, estando por isso abaixo dela. Não podemos esperar jamais que o poeta seja o intérprete de sua própria obra. Configurá-la foi sua tarefa suprema. A interpretação deve ser deixada aos outros e ao futuro. Uma obra-prima é como um sonho que apesar de todas as suas evidências nunca se interpreta a si mesmo e também nunca é unívoco. Nenhum sonho diz: "Você deve", ou "esta é a verdade"; ele apenas propõe uma imagem, tal como a natureza que faz uma planta crescer. Compete a nós mesmos tirar as conclusões. Quando alguém tem um pesadelo, isto significa que é demasiadamente medroso, ou que não tem medo algum; assim, quando sonhamos com um mestre sábio, isto quer dizer que precisamos de um mestre, ou, inversamente, que nossa atitude é excessivamente escolar. Sutilmente, porém, as duas coisas se ligam, acontecendo o mesmo no tocante à obra de arte; mas só o percebe quem se aproxima da obra de arte, deixando que esta atue sobre ele, tal como ela agiu sobre o poeta. Para compreender seu sentido, é preciso permitir que ela nos modele, do mesmo modo que modelou o poeta. Compreenderemos então qual foi a vivência originária deste último. Ele tocou as regiões profundas da alma, salutares e libertadoras, onde o indivíduo não se segregou ainda na solidão da consciência, seguindo um caminho falso e doloroso. Tocou as regiões profundas, onde todos os seres vibram em uníssono e onde, portanto, a sensibilidade e a ação do indivíduo abarcam toda a humanidade.

162 O segredo da criação artística e de sua atuação consiste nessa possibilidade de reimergir na condição originária da *participation mystique*, pois nesse plano não é o indivíduo, mas o povo que vibra com as vivências; não se trata mais aí das alegrias e dores do indivíduo, mas da vida de toda a humanidade. Por isso, a obra-prima é ao mesmo tempo objetiva e impessoal, tocando nosso ser mais profundo. É por esse motivo também que a personalidade do poeta só pode ser considerada como algo de propício ou desfavorável, mas nunca é essencial relativamente à sua arte. Sua biografia pessoal pode ser a de um filisteu, de um homem bom, de um neurótico, de um louco ou criminoso; interessante ou não, é secundária em relação ao que o poeta representa como ser criador.

VIII

Ulisses

UM MONÓLOGO[1]

Nota do autor
Este ensaio literário, publicado pela primeira vez em *Europäische Revue*, não é um trabalho científico nem tampouco o estudo sobre Picasso que se segue. Se, apesar disso, o incluí em minha coletânea de *Tratados psicológicos*, foi porque Ulisses é um documento humano essencial e característico para a nossa época, e, segundo minha opinião, também um documento psicológico que mostra ideias, que, em minhas obras, representam um papel bastante significativo, sendo aplicadas, na prática, através do material concreto. Meu ensaio não tem caráter científico, nem qualquer propósito didático. Por isso, peço ao leitor que apenas veja nesse texto uma expressão subjetiva e sem compromisso de meu pensamento.

Ulisses, este título refere-se a James Joyce e não à figura engenhosa, sempre a vaguear, dos tempos remotos de Homero e que, com astúcia e ação, soube escapar à hostilidade e à ira dos deuses e dos homens, voltando ao seu lar após uma conturbada viagem. *Ulisses* de Joyce, em contraste absoluto com seu homônimo da Antiguidade, é uma consciência passiva, apenas perceptível, um mero olho, um nariz,

---

1. Para verificar a origem deste ensaio, cf. Anexo deste artigo, p. 116s. Foi publicado a primeira vez na *Europäische Revue* VIII (Berlim, setembro de 1932). Reeditado em *Wirklichkeit der Seele*, de C.G. Jung (cf. Referências). As citações de Ulisses foram extraídas da 10. ed., se bem que Jung já conhecesse o livro desde sua 1. ed., em 1922 (cf. § 171 deste volume).

um ouvido, uma boca, um nervo sensorial, exposto irremediável e desenfreadamente à catarata ruidosa, caótica e lunática dos acontecimentos anímicos e físicos, registrando estes com nitidez quase fotográfica.

164   De *Ulisses*[2] jorram 735 páginas, numa torrente de 735 horas, dias ou anos que representam um único dia, ou seja, o inexpressivo e insignificante 16 de junho de 1904, em Dublin, durante o qual, realmente, nada acontece. A torrente começa e termina no nada. Seria, para assombro do leitor, uma única verdade strindbergiana sobre a *essência* da vida humana, tremendamente longa, intrigantemente emaranhada e inesgotável? Sobre a *essência* talvez, mas certamente sobre as dez mil facetas e suas cem mil subgradações de sombras. Nestas 735 páginas não há, a meu ver, qualquer repetição evidente, nenhuma única ilha de paz e felicidade, onde o leitor benevolente, atordoado de reminiscências, pudesse sentar-se após um caminho percorrido de, digamos, umas cem páginas, para contemplar com satisfação, nem que fosse apenas a recordação de um lugarzinho comum, que, prazerosamente, tivesse-se insinuado de novo em algum lugar inesperado. Mas não, uma torrente impiedosa e ininterrupta vai rolando e passando. Sua velocidade ou continuidade aumenta nas últimas quarenta páginas, chegando a uma completa falta de pontuação, em que o vazio sufocante ou irrespirável, tenso ou saturado quase insuportável, expressa-se da maneira mais cruel. Este vazio inteiramente sem esperanças é a nota dominante de todo o livro. Ele não só começa e acaba no nada, mas também consiste apenas de nadas.[3] Tudo é infernalmente nulo, decididamente um brilhante produto do inferno, se considerarmos o livro sob o aspecto de uma obra de arte técnica[4].

165   Eu tinha um velho tio que pensava de modo retilíneo. Um dia ele me parou na rua e me perguntou: "sabe como é que o diabo tortura as almas no inferno?" Como eu dissesse que não sabia, ele prosseguiu: "Ele as deixa esperando". Assim falando, seguiu seu caminho. Esta ob-

---

2. 10. ed. inglesa, Paris, 1928.

3. O próprio Joyce se manifesta (*Work in Progress*, in transition [Paris]): "We may come, touch and go, from atoms and ifs, but we are presurely destined to be odds without ends". Poderemos vir, tocar e ir, dos átomos aos "se", mas estamos certamente destinados a sermos fragmentos sem fim.

4. Curtius (*James Joyce und sein Ulysses*, Zurique, 1929) denomina *Ulisses* um "livro luciferiano... É uma obra do anticristo".

servação voltou-me à memória quando percorri *Ulisses* pela primeira vez. Cada frase contém uma expectativa que não se concretiza; por fim, por mera resignação, o leitor já nem espera mais nada e, para seu reiterado espanto, percebe gradativamente que, de fato, acertou. Na verdade, nada acontece, nada resulta daí[5], e, contudo, uma secreta expectativa em antagonismo com uma resignação sem esperança, arrasta-nos página por página. As 735 páginas que nada contêm não são, de modo algum, páginas em branco, mas, pelo contrário, densamente impressas. A pessoa lê, lê e relê e pensa que compreende o que está lendo. Ocasionalmente deparamo-nos, através de um respiradouro, com uma frase nova –, mas uma vez atingindo o grau certo de dedicação, acostumamo-nos com tudo. Assim também eu li, com o desespero em meu coração, até a página 135 adormecendo por duas vezes. A versatilidade incrível do estilo de Joyce tem um efeito monótono e hipnótico. Nada vem ao encontro do leitor, tudo se afasta dele, deixando-o para atrás, olhando embasbacado. E vai vivendo esquivando-se, nada satisfeito consigo mesmo, mas irônico, sarcástico, venenoso, desdenhoso, triste, desesperado, amargo, e assim, arrastaria a simpatia do leitor de modo pernicioso, se um sono solícito não interrompesse bondosamente todo esse desperdício de energia. Ao chegar à página 135[6], mergulhei definitivamente num sono profundo, isto após diversas tentativas

---

5. CURTIUS: "Um niilismo metafísico é a essência da obra de Joyce". In: JAMES. Op. cit., p. 60s.

6. O toque mágico que em mim provocou este sono profundo encontra-se entre o final da página 134 e o começo da página 135, e é como segue: "that stony effigy in frozen music, horned and terrible, of the human form divine, that eternal symbol of wisdom and prophecy which, if aught that the imagination or the hand of sculptor has wrought in marble of soultransfigured and of soultransfiguring deserves to live, deserves to live". [Essa efígie de pedra de música gelada, cornuda e terrível da divina forma humana, esse símbolo eterno da sabedoria e da profecia que, se houver algo que a imaginação ou a mão do escultor tenha talhado em mármore de transfiguradas almas ou almas transfiguráveis, merece viver, merece viver. A esta altura, já morto de sono, viro uma página e deparo o seguinte: *A man supple in combat: stonehorned, stonebearded, heart or stone.* (Um homem destro no combate: pétreo-cornudo, pétreo-barbudo, coração de pedra). A expressão refere-se a Moisés que não se deixou assombrar pelo poder do Egito. Estas frases continham o narcótico que desligou a minha consciência, pois elas despertavam em mim uma linha inconsciente de pensamento ainda desconhecida que a consciência só poderia ter perturbado. Como descobriria bem mais tarde, clareara aqui pela primeira vez em mim o reconhecimento da posição do autor e da finalidade de sua obra.

heroicas para aproximar-me do livro, ou, como se diz normalmente, "fazer-lhe justiça". Quando despertei depois de um longo tempo, as minhas ideias haviam-se clareado a ponto de eu começar a ler o livro de trás para diante. Este método demonstrou ser tão bom quanto o comum, quer dizer, o livro pode também ser lido de trás para diante, pois ele não tem parte de trás, nem de frente, nem de cima e nem de baixo. Tudo já podia ter sido assim antes ou vir a ser no futuro[7]. Pode-se ler uma conversa com igual prazer, de trás para diante, pois não se perde nenhum ponto importante. A conversa, como um todo, não tem nenhum ponto principal, mas cada sentença é um ponto alto. Também pode-se parar no meio da frase – a primeira parte tem razão suficiente para subsistir por si só, ou, ao menos, parece ter. O livro tem a característica de um verme cortado ao meio que desenvolve uma cauda para a parte que ficou com a cabeça, e uma cabeça para a parte onde ficou a cauda.

166   Esta incrível e sinistra qualidade do espírito de Joyce demonstra que sua obra pertence à classe dos animais de sangue frio e à dos vermes em especial; estes, se tivessem capacidade literária, usariam, na falta de um cérebro, o sistema nervoso simpático[8]. Presumo que em relação a Joyce exista algo parecido, portanto um modo de pensar visceral[9] por meio da ampla repressão da atividade cerebral que, no

---

7. Culminando em *Work in Progress*, Carola Giedion-Welcker afirma com muito acerto: "Ideias que sempre voltam, mergulhadas em invólucros sempre novos, transmutáveis e projetadas dentro de uma esfera absolutamente irreal. Um tempo absoluto. Um espaço absoluto" (*Neue Schweizer Rundschau*. Zurique, 1929, p. 666).
8. Na psicologia de Janet este fenômeno é conhecido como *abaissement du niveau mental*. Com os doentes mentais isso acontece involuntariamente, mas com Joyce é o resultado de um treinamento deliberadamente artificial pelo qual toda a riqueza e a grotesca profundidade do pensamento onírico vem à superfície perceptível, quando a *fonction du réel*, isto é, a consciência adaptada, é desligada. Daí a preponderância do automatismo psíquico e verbal e a total negligência da comunicabilidade e do sentido agradável.
9. Acredito que Stuart Gilbert (*Das Rätsel Ulysses*, Zurique, 1932) tem razão ao admitir que cada capítulo seja dirigido, entre outros, também pela dominante de uma víscera ou de um órgão sensorial. Ele cita: rins, genitais, coração, pulmões, esôfago, cérebro, sangue, ouvidos, músculo, olhos, nariz, útero, nervos, esqueleto, carne. Essa dominante funciona como um *Leitmotiv*. Escrevi as frases acima, referentes ao pensamento visceral, em 1930. A documentação de Gilbert representa, pois, para mim, uma confirmação valiosa sobre o fato psicológico, ou seja, que, durante o *abaissement du niveau mental*, apareçam os "representantes orgânicos" apresentados por Wernicke.

caso dele, está restrita substancialmente à *percepção*. A atividade de Joyce no plano sensorial deve ser admirada sem restrições: o que ele vê, ouve, degusta, cheira e apalpa, tanto interna como externamente, e o modo como o faz, é realmente assombroso. Normalmente, o comum dos mortais, sendo especialista em esferas sensoriais ou de percepção, restringe-se ao externo ou ao interno. Joyce conhece ambos. Guirlandas de associações subjetivas entrelaçam-se com figuras objetivas de uma rua de Dublin. Objetivo e subjetivo, externo e interno interligam-se mútua e constantemente de tal modo que, apesar da clareza da imagem individual, persiste no final a dúvida se se trata de uma lombriga física ou transcendental[10]. A lombriga é, em si, um cosmo vivo, possuindo uma fabulosa fecundidade; na minha opinião, uma imagem nada bonita, mas não de todo imprópria para Joyce. É bem verdade que a lombriga não pode produzir nada além de novas lombrigas, mas isto ela consegue com uma abundância inesgotável. O livro de Joyce poderia ter 1.470 páginas ou até o múltiplo disto, e a infinidade não teria diminuído em uma gota sequer e ele ainda não teria dito o essencial. Mas será que Joyce quer realmente dizer algo essencial? Será que este velho preconceito ainda tem aqui alguma razão de ser? Na opinião de Oscar Wilde a obra de arte é algo completamente inútil. Em nossos dias até o autossatisfeito culturalmente nada teria a objetar; contudo, o seu íntimo espera algo "essencial" da obra de arte. Mas onde se encontra isso em Joyce? Por que ele não o diz? Por que ele não o expõe ao leitor, apontando-lhe com expressivos gestos uma *semita sancta ubi stulti non errent*[11].

Sim, reconheço que me senti tonto e aborrecido. O livro não tentava uma aproximação com o leitor, não havia o mínimo esforço de agradar, o que provoca no leitor irritantes sentimentos de inferioridade. A autossatisfação cultural está tão arraigada em meu sangue que pressuponho ingenuamente que um livro queira dizer-me algo e queira ser compreendido – evidentemente um antropomorfismo mitológico projetado no objeto, o livro! Sobretudo este livro sobre o qual não se pode ter uma opinião – essência de uma aborrecida der-

---

10. CURTIUS. Op. cit., p. 30: "Ele reproduz o fluxo do consciente sem filtrá-lo lógica e eticamente".

11. (Um caminho santo onde os tolos não andem sem rumo certo).

rota do leitor inteligente que, afinal, também não... (para usar o estilo sugestivo de Joyce). Um livro enfim tem um conteúdo, representa alguma coisa, mas desconfio que Joyce nada quisesse "representar". Ou será que o livro representava *ele* mesmo – e talvez, por causa disso, esta indivisível solidão, esse procedimento sem testemunhas oculares, essa irritante descortesia em relação ao leitor aplicado? Joyce despertou minha má vontade (nunca se deve colocar o leitor diante da própria burrice – *Ulisses*, no entanto, fez exatamente isso).

168 Um psicoterapeuta como eu está sempre praticando terapia até em si mesmo. Irritação significa: "Você ainda não enxergou o que existe atrás disto". Portanto, acompanhemos nosso aborrecimento e coloquemos diante de nós o que inspira o nosso mau humor: é este solipsismo, esta despreocupação, esta falta de consideração em relação ao público leitor, culto e inteligente, em sua tentativa[12] benevolente, bondosa e justa de querer compreender – é tudo isto que me ataca os nervos. É isto sim, este não relacionamento a sangue frio de seu espírito que parece ter se originado abaixo das regiões dos sáurios – conversando dentro e com as próprias entranhas – um homem de pedra, exatamente aquele pétreo-cornudo, pétreo-barbudo Moisés, com as entranhas petrificadas que, com uma serenidade petrificante, vira as costas tanto às panelas de carne quanto ao Panteão do Egito, ferindo com isso, perversamente, também os melhores sentimentos de simpatia do leitor.

169 É desse submundo petrificado que surge a visão da lombriga peristáltica, ondulante e sinuosa, com seus efeitos monótonos devido à sua interminável proliferação proglótide. Nenhuma proglótide é completamente igual, embora seja fácil confundi-las. Em cada um dos trechos do livro, por menor que seja, Joyce é ele mesmo e o único conteúdo de qualquer capítulo. Tudo é novo, e sempre aquilo que existia desde o início. A mais alta fidelidade à natureza! Quanta riqueza e quanto tédio! Joyce consegue entediar-me até as lágrimas, mas é um tédio perigoso, ruim, que nem a mais aborrecida banalidade poderia produzir. É o tédio da natureza, o sibilar desolador do

---

12. CURTIUS. Op. cit., p. 8: "O autor evitou tudo o que pudesse facilitar a compreensão do leitor".

vento em volta dos escolhos das Hébridas, o nascer e o pôr do sol no Saara, o marulhar do mar e – como diz Curtius acertadamente – "música de Wagner" e, no entanto, uma eterna repetição. Apesar da assombrosa variedade, será que existem em Joyce motivos (involuntários)? Talvez ele não queira tê-los: pois causalidade e finalidade não têm, em seu mundo, nem lugar, nem sentido, nem tampouco valor. Mas os motivos são inevitáveis, eles são o esqueleto de todos os acontecimentos anímicos, apesar do grande esforço de tirar do acontecimento qualquer sinal de alma, no que, aliás, Joyce é coerente. Tudo aqui surge como se fosse desprovido de alma, todo o calor do sangue quente é congelado e, num egoísmo glacial, desenrolam-se os acontecimentos – e que acontecimentos! Em todo o caso, nada de ameno, nada de agradável, de esperançoso, mas de nebuloso, horrível, pavoroso, patético, trágico e irônico – tudo vivências do lado sombrio, de tal forma caóticas que é necessário procurar com lente de aumento a interdependência dos motivos. E contudo eles existem, principalmente na forma de um ressentimento de natureza pessoal não confessado, restos de uma história de juventude amputada com violência; ruínas da história do espírito em geral, exibidas para a multidão embasbacada, em sua lamentável nudez do assim-ser. A pré-história religiosa, erótica e familiar (do autor) reflete-se nas turvas áreas do fluxo dos ventos; até mesmo a desintegração de sua personalidade torna-se evidente tanto em Bloom, homem sensível, banal e materialista, como em Stephen Daedalus, homem de espírito especulativo quase gaseiforme, onde o primeiro não tem filho e o último não tem pai.

Talvez haja algum ordenamento secreto ou correspondência entre os capítulos – existem nesse sentido, aparentemente, fundadas suspeitas[13] –, mas em todo caso tão veladas estão que eu, de início, nada percebi. Outrossim, teriam tido tão pouco interesse para a minha irritada impotência quanto a monotonia de qualquer comédia humana medíocre.

O mesmo *Ulisses* que tive em mãos em 1922 e que, desapontado e aborrecido após algumas poucas leituras, pusera de lado, aborrece-me hoje como então. Mas por que escrevo sobre ele? Nunca teria

---

13. Cf. CURTIUS. Op. cit., p. 255, e Gilbert, Op. cit.

escrito sobre isto, como tampouco sobre qualquer outra forma de "surrealismo" (o que é surrealismo?) que ultrapassasse minha compreensão. Escrevo sobre Joyce porque um editor, inadvertidamente, perguntou-me qual era meu pensamento sobre ele, respectivamente sobre *Ulisses*, sobre o qual, aliás, como se sabe, as opiniões ainda estão divididas. Indiscutivelmente, *Ulisses* é um livro único, já com 10 edições, e seu autor ora é endeusado, ora condenado, mas como ele se encontra no centro da discussão e representa por isso um fenômeno, o psicólogo não deveria passar por ele, ignorando-o simplesmente. A influência de Joyce sobre seus contemporâneos é bastante significativa, e foi este fato, em primeiro lugar, que despertou meu interesse por *Ulisses*. Se este livro tivesse desaparecido, sem mais, nas profundezas do esquecimento, provavelmente jamais o teria trazido à lembrança, pois me aborrecia sobremaneira e pouco me divertia. Significava acima de tudo um tédio ameaçador, porquanto temia que fosse um produto do estado de alma criador negativo, uma vez que exercia apenas um efeito negativo em mim.

172   Mas eu sou suspeito. Sou um psiquiatra e isto envolve um preconceito profissional em relação a todas as manifestações da psique. Contra isto, no entanto, quero prevenir o leitor: o tragicômico do homem mediano, o lado frio e sombrio do existir, o turvo e cinzento niilismo espiritual, fazem parte do meu dia a dia – uma melodia monótona, insípida e sem estímulo. Nada disto consegue abalar-me ou causar-me emoção, pois inúmeras vezes tenho que ajudar profissionalmente pessoas a saírem de estados lamentáveis como estes. Sempre tenho que fazer algo contra este estado de coisas e só posso utilizar a compaixão lá onde não me viram as costas. *Ulisses* me vira as costas, embora ele não o queira. O que ele realmente quer é continuar cantando a sua interminável melodia até o infinito – melodia esta que conheço até a saturação – e estender ao infinito sua escada de corda ganglionar do pensamento visceral e da atividade cerebral restrita à simples percepção sensorial, uma condição, aliás, que pretende se impor por si só, sem demonstrar nenhuma tentativa para efetuar uma reconstrução (o leitor sente-se desagradavelmente preterido). Parece que a destrutibilidade se tornou um fim em si.

173   Porém, não é apenas isso, mas também a sintomatologia! Tudo é familiar demais: são aqueles escritos intermináveis com divagações

dos dementes que só dispõem de um consciente fragmentado, sofrendo por isto de falta de critério e de atrofia de valores. Em vez disso, existe muitas vezes uma intensificação da atividade sensorial: um poder de observação dos mais exatos, memória fotográfica para percepções sensoriais, curiosidade sensorial dirigida, tanto para dentro como para fora, e a predominância de ressentimentos e temas retrospectivos, uma delirante confusão misturando psíquico subjetivo e realidade objetiva, um modo de apresentação com seus neologismos, suas citações fragmentadas, suas associações motoras de sons e fala, suas transições e interrupções abruptas de pensamento que não têm a menor consideração com o leitor e uma atrofia do sentimento[14] que não recua diante de nenhum absurdo ou cinismo. Até um leigo conseguiria facilmente traçar uma analogia entre *Ulisses* e um estado psíquico "esquizofrênico". A semelhança é mesmo tão grave que um leitor irritado poderia facilmente deixar o livro de lado classificando-o de "esquizofrenia". Para o psiquiatra a analogia é realmente surpreendente; ressalvaria, porém, que o sinal característico de um doente mental, ou seja, a estereotipia, encontra-se notoriamente ausente. *Ulisses* pode ser tudo, menos monótono no que diz respeito às repetições (isto não é uma contradição em relação ao que foi dito antes. No que diz respeito a *Ulisses* nada é contraditório). A apresentação é consequente e fluente, tudo se movimenta e nada permanece fixo. O livro todo é levado por uma corrente subterrânea viva, mostrando uma tendência homogênea e uma rígida seletividade; uma prova evidente da existência de uma vontade pessoal uniforme e uma intenção dirigida. As funções mentais não aparecem espontaneamente nem têm uma meta, mas estão sob severo controle. Geralmente as funções da percepção – sensação e intuição – têm preferência, enquanto que as funções de discernimento – pensar e sentir – são, em consequência, igualmente reprimidas. Estas últimas aparecem apenas como conteúdos mentais, como objetos de percepção. A tendência geral de realçar uma imagem sombria da mente e do mundo é continuamente conservada apesar das frequentes tentações de sucumbir a uma beleza emergente. Estes são traços que não se encontram em doentes mentais co-

---

14. GILBERT. Op. cit., p. 12, fala de uma deliberada redução de sentimentos.

muns. Restaria então o doente mental *incomum*. Para este caso, porém, o psiquiatra não tem critério. A anomalia mental também pode ser uma espécie de sanidade mental, inconcebível para a inteligência mediana, ou um poder espiritual superior.

174   Jamais me ocorreria classificar *Ulisses* como um produto esquizofrênico. Além do mais, nada se ganharia com isto, pois o que nós queremos saber é por que *Ulisses* exerce tamanha influência, e não se o autor é esquizofrênico em grau ligeiro ou profundo. *Ulisses* não é um produto doentio, tampouco toda a arte moderna. Ele é "cubista" no sentido mais profundo, ao transformar a imagem da realidade num ilimitado e complexo quadro cuja tônica é a melancolia da objetividade abstrata. Cubismo não é doença, mas uma tendência de reproduzir a realidade, ora de um modo grotescamente concreto, ora grotescamente abstrato. O quadro clínico da esquizofrenia é mera analogia, na qual o esquizofrênico tem aparentemente a mesma tendência de considerar a realidade como se lhe fosse estranha ou, ao contrário, alienar-se dela. Num esquizofrênico não se trata, em geral, de um propósito reconhecível, mas de um sintoma, resultado inevitável da originária desintegração da personalidade em fragmentos de personalidade (complexo autônomo). Num artista moderno não é a doença individual que provoca esta tendência, mas uma manifestação coletiva do *nosso tempo*. O artista não obedece a um impulso individual, mas a uma corrente coletiva, que, na verdade, não se origina diretamente do consciente, mas do inconsciente coletivo da psique moderna. Como se trata de uma manifestação coletiva, ela atua de modo idêntico nos mais diversificados terrenos, tanto na pintura como na literatura, na escultura e na arquitetura. (É bastante significativo que um dos pais espirituais desta manifestação, Van Gogh, fosse realmente um doente mental.)

175   A distorção do sentido e da beleza pela objetividade grotesca ou pela igualmente grotesca irrealidade é, no doente, uma manifestação consequente da destruição de sua personalidade. No artista, porém, é um propósito criativo. O artista moderno, longe de vivenciar e sofrer em sua criação artística a expressão da destruição de sua personalidade, encontra justamente na destrutibilidade a unidade de sua personalidade artística. A mefistofélica inversão do sentido em sem sentido, da beleza em feiura, a semelhança dolorosa do sentido com

o sem sentido e a beleza provocante do feio, exprimem um ato criativo que nunca antes chegou a tamanha extensão na história cultural da humanidade, embora ele em princípio não represente nada de novo. Observamos algo semelhante na perversa alteração do estilo de Amenófis IV, no tolo simbolismo do cordeiro dos primeiros cristãos, nas melancólicas figuras humanas dos pré-rafaelistas primitivos e no autoestrangulamento dos arabescos do fim da era barroca. Todas essas épocas possuem, apesar de suas diversidades externas, uma relação interna: são períodos de incubação criativa, cujo sentido não é satisfatoriamente explicado do ponto de vista causal. Estas manifestações da psique coletiva revelam o seu sentido somente quando são consideradas antecipações, ou seja, teleologicamente.

A época de Amenófis (Echnaton) foi o berço do primeiro monoteísmo que fora preservado para o mundo através da tradição judaica. O bárbaro infantilismo do cristianismo primitivo significava nada mais do que a transformação do Império Romano num Estado de Deus. Os primitivos pré-rafaelistas são os verdadeiros precursores de uma inaudita beleza corporal, desaparecida do mundo desde os tempos da Antiguidade. O último estilo eclesiástico vivo é o barroco, o qual, com sua autodestruição, antecipa a vitória do espírito da ciência sobre o dogmatismo medieval. Tiepolo, por exemplo, que já atingiu a zona perigosa da sua produção pictórica, não é um sintoma de decadência, quando considerado como personalidade artística, mas trabalha com a totalidade criativa para uma desintegração que se faz necessária. O afastamento dos primeiros cristãos da arte e da ciência de seu tempo não significou para eles uma perda, mas um ganho humano.

Por isso, devemos atribuir não só a *Ulisses*, mas também à arte em geral de seus congêneres espirituais, um sentido e um valor criativo positivo. Com relação à destruição de critérios de sentido e de beleza, válidos até agora, *Ulisses* consegue realizar algo extraordinário. Insulta nossos sentimentos convencionais, brutaliza nossas expectativas de sentido e conteúdo, é um escárnio de tudo que é síntese. Seria má vontade de nossa parte vislumbrar nele qualquer síntese ou "forma", pois – se conseguíssemos demonstrar tal tendência ultrapassada – teríamos apontado em *Ulisses* um grave defeito estético. Tudo aquilo que temos a reclamar contra *Ulisses*, apenas demonstra suas qualidades; pois nossa reclamação é fruto do ressentimento do "antiquado" em nós, que não quer ver o que "os deuses" ainda ocultam magnanimamente.

178 O indomável, o inatingível que brotou em Nietzsche com exuberância dionisíaca, inundando o seu intelecto, aparece finalmente nos modernos, numa forma pura. Mesmo os mais obscuros trechos da segunda parte do *Fausto*, o *Zaratustra* e ainda o *Ecce Homo* queriam, de um modo ou de outro, tornar-se agradáveis ao público. Mas só os modernos conseguiram produzir a arte do avesso ou o avesso da arte: aquela arte que de modo algum visa agradar, mas denuncia, alto e bom som, tudo o que se lhe opõe, que fala agora com aquela renitente má vontade que, embora timidamente, infiltrava-se, de modo incômodo, em todos os precursores dos modernos (não esquecer Hölderlin), levando velhos ideais à derrocada.

179 Observando um único campo de experiência, é quase impossível saber com clareza o que está acontecendo. Não estamos nos referindo a um único impulso que ocorre alhures, num determinado ponto, mas a uma reestruturação quase universal do homem moderno que está se libertando do jugo do velho mundo. Como infelizmente não podemos prever o futuro, não sabemos – no sentido mais profundo – até que ponto ainda pertencemos à Idade Média. Olhando do mais avançado mirante do futuro, a mim pelo menos não me causaria surpresa descobrir que ainda estamos metidos até as orelhas na era medieval. Pois somente tal situação poderia explicar satisfatoriamente a existência de livros e obras de arte iguais a *Ulisses*. São purgativos extremamente drásticos, cujos efeitos se teriam dissipado no vazio, se não tivessem encontrado uma correspondente resistência obstinada e teimosa. São uma espécie de remédios psicológicos drásticos, que só têm sentido quando se trata de material dos mais resistentes ou fortes. O que eles têm em comum com a teoria freudiana é o fato de solaparem, com fanatismo unilateral, valores que, de qualquer maneira, já ameaçavam ruir.

180 Contudo *Ulisses*, aparentando objetividade científica e usando até terminologia "científica", revela unilateralidade, e não oferece qualquer valor científico; é pura negação. Mas assim mesmo é criativo. É uma *destruição criativa*, sem gestos teatrais de Heróstrato, mas uma tentativa séria de mostrar aos contemporâneos a verdade como

ela *de fato* é, sem más intenções, mas com a ingenuidade sem malícia da objetividade artística. Pode-se tranquilamente chamar o livro de pessimista, se bem que no final, quase na última página, irrompa uma luz redentora, ansiosa, através das nuvens. É apenas *uma* página contra 734, todas elas surgidas da região dos mortos. Aqui e ali, um magnífico cristal brilha no lamaçal negro de forma que até o antiquado se dê conta que Joyce é um "artista" que "conhece" o seu ramo – algo nada evidente num artista de hoje e que é, inclusive, um mestre; mas um mestre que renuncia piedosamente a todo o seu conhecimento anterior em vista de um objetivo maior. Mesmo na inversão (não confundir com "conversão") Joyce permaneceu um católico devoto: ele usa sua dinamite principalmente contra Igrejas ou outras estruturas psicológicas influenciadas ou geradas pelas Igrejas. Seu "anti" mundo é a atmosfera altamente medieval, totalmente provinciana e *eo ipso* católica de Erin, que tenta com todas as forças regozijar-se com sua independência política. De todos os países onde trabalhou no seu *Ulisses*, lançava o autor um olhar retrospectivo, fixo e fiel, à Mãe Igreja e à Irlanda, utilizando-se dos países estrangeiros apenas como âncora que deveria proteger o seu barco contra o turbilhão de suas reminiscências e ressentimentos irlandeses. O mundo, porém – pelo menos no *Ulisses* –, nunca o atingiu, nem mesmo como condição implícita. *Ulisses* não procura a sua Ítaca, mas, ao contrário, faz esforços desesperados para despojar-se de sua herança irlandesa.

Para dizer a verdade, foi apenas um comportamento de interesse local que poderia ter deixado o resto do mundo frio! Mas o mundo não ficou indiferente. A julgar pelo efeito exercido em seus contemporâneos, parece que o fenômeno local é mais ou menos universal. Deve, pois, servir aos contemporâneos em geral. A quantidade de modernos foi tão numerosa, que desde 1922 devorou dez edições do *Ulisses*. O livro deve ter tido um significado para eles, talvez até lhes tenha revelado algo que antes não sabiam e não sentiam. Eles não se sentem infernalmente entediados com este livro, mas promovidos, restaurados, instruídos, convertidos ou, ao contrário, deslocados para alguma condição desejável, pois sem isso somente um ódio dos mais entranhados poderia levar o leitor a ler, com toda a atenção e sem acessos fatais de sono, o livro da primeira até a página 735. Desconfio, portanto, que a Irlanda medieval e católica cubra uma área geográfica infinitamente mais extensa do que a indicada nos mapas comuns e, para mim, até agora desconhecida. Esta idade média católica com seus Srs. Daedalus e Bloom parece ser universal, ou melhor, deve haver inúmeras classes da população que, como *Ulisses*, estão de tal modo presas ao ambiente espiritual local, que é necessário um explosivo joyceano para quebrar o seu isolamento hermético. Estou convencido do seguinte: ainda estamos imersos até o nariz na Idade Média. Nada pode abalar esta situação. E por isso é necessário que profetas negativos como Joyce (ou Freud) esclareçam os contemporâneos medievais, profundamente preconceituosos sobre a outra realidade.

Naturalmente esta tarefa gigantesca não seria realizada por alguém que tentasse, com boa vontade cristã, guiar e orientar pessoas a olharem, contra sua vontade, para o lado sombrio do mundo. Isto os levaria a "olharem" com total desinteresse. Não, esta revelação deve acontecer junto com a atitude mental condizente e, nisto, Joyce é um verdadeiro mestre. Só assim começará o jogo das forças emocionais negativas. *Ulisses* mostra como executar o "sacrílego manejo para trás", de Nietzsche. Ele o demonstra fria e objetivamente e de maneira tão "desmitificada", como nem o próprio Nietzsche jamais o sonhara. Tudo isto numa suposição tranquila, mas certa, de que a influência fascinante do ambiente espiritual nada tem a ver com a razão, mas apenas com o sentimento! Pelo fato de Joyce nos apresentar um mundo horrivelmente árido, ateu e insípido, não nos perturbe a ideia de que seja impossível alguém haurir algum conforto dessa obra. Por mais estranho que possa parecer, é realmente verdade que o mundo de *Ulisses* é *bem melhor* do que o mundo daqueles que continuam presos, sem esperanças, à escuridão do lugar de sua origem espiritual. Mesmo que predominem o mal e a destruição, eles vivem, contudo, na claridade, ao lado ou talvez até acima do "bem", do "bem" legado pelo passado, mas que, na realidade, mostra-se um tirano intransigente, um sistema ilusório de preconceitos que, de modo cruel, despoja a verdadeira vida de sua possível riqueza e exerce sobre todos aqueles presos uma coação moral e mental que se torna insuportável com o tempo. "Um levante de escravos dentro da moral", de Nietzsche, poderia ser um bom lema para *Ulisses*. A libertação para quem está coagido é o reconhecimento "objetivo" de seu mundo e de seu ser-assim. Como um nobre bolchevique sente alegria em não se barbear, assim o espírito coagido se sente feliz em poder, pelo menos uma vez, dizer objetivamente como é o seu mundo. Para uma pessoa ofuscada pela luz, a escuridão torna-se alívio e a vastidão do deserto sem fronteiras um paraíso para o preso. Para o homem medieval significa simplesmente uma libertação não precisar ser, ao menos uma vez, bonito, bom e de bom-senso. Pois, para os homens das sombras, os ideais não são atos criativos ou faróis no alto das montanhas, mas carrascos e prisões, uma espécie de polícia metafísica originalmente inventada no Monte Sinai pelo tirânico guia de hordas Moisés e posteriormente imposta à humanidade através de uma hábil artimanha.

Visto pelo lado causal, Joyce é uma vitima da autoridade católica, porém, visto através da teleologia, um reformador a quem a negação por enquanto satisfaz; um protestante que, por ora, vive de seu protesto. A atrofia dos sentimentos é uma característica do homem moderno que se manifesta como reação quando há sentimentos em demasia e principalmente sentimentos falsos. A falta de sentimento em *Ulisses* nos permite chegar a uma conclusão sobre uma sentimentalidade incurável. Será que somos ainda tão sentimentais hoje em dia?

Novamente uma pergunta a ser respondida num futuro longínquo! Em todo caso temos indícios que nosso logro sentimental possui proporções bastante inconvenientes. Pensemos no lamentável papel da sentimentalidade popular em tempo de guerra! Pensemos em nossa pretensa humanidade! O psiquiatra sabe muito bem como cada qual se torna vítima desamparada, mas não digna de compaixão, de seus próprios sentimentos. O sentimentalismo é uma superestrutura erigida sobre a brutalidade. A insensibilidade é o oposto correspondente que sofre inevitavelmente as mesmas consequências. O sucesso de *Ulisses* demonstra que mesmo a sua insensibilidade tem efeito *positivo*; por isso devemos concluir que existem sentimentos em excesso e sua redução é bem aceita pelo indivíduo. Também estou convencido de que estamos comprometidos, não apenas com a Idade Média, mas também com nosso próprio sentimentalismo, devendo pois, achar perfeitamente compreensível quando surge um profeta mostrando à nossa cultura uma insensibilidade compensadora. Profetas são sempre antipáticos e, em geral, até mal-educados. É sabido, porém, que às vezes acertam em cheio. Existem pequenos e grandes profetas; cabe à história decidir a qual deles Joyce pertence. O artista é sem querer o porta-voz dos segredos espirituais de sua época e, como todo profeta, é de vez em quando inconsciente como um sonâmbulo. Julga estar falando por si, mas é o espírito da época que se manifesta e, o que ele diz, é real em seus efeitos.

185   *Ulisses* é um documento humano de nosso tempo, e mais, *é um segredo*. É bem verdade que ele pode libertar os que estão presos espiritualmente e que sua frieza consegue congelar, até a medula, não só o sentimentalismo, mas o próprio sentimento normal. Mas estes efeitos salutares não esgotam a sua essência. Dizer que foi o próprio diabo quem apadrinhou a obra é uma observação espirituosa interessante, mas não satisfaz. Há vida na obra, e a vida nunca é apenas má e destrutiva. Na verdade, tudo o que de imediato podemos apreender neste livro é negativo e solúvel, mas pode-se pressentir algo intangível, uma intenção secreta que lhe dá sentido e, portanto, valor. Seria este mosaico colorido de palavras e imagens porventura "simbólico"? Por Deus, não estou me referindo a uma alegoria, mas ao símbolo como expressão de uma essência inatingível. Neste caso deveria ao menos bruxulear um sentido oculto em algum lugar nesta tecidura estranha. Aqui e acolá deveriam ressoar sons já ouvidos em outros tempos e em outros lugares, talvez em sonhos raros ou nas obscuras sabedorias de raças esquecidas. Não se pode contestar esta possibilidade. Mas eu, pessoalmente, não consegui encontrar a chave. Pelo contrário, o livro me parece ter sido escrito no estado da mais plena consciência; não é sonho, nem revelação do inconsciente. Penso até que mostre um propósito mais forte e uma tendência mais exclusiva do que o *Zaratustra* de Nietzsche ou a segunda parte do *Fausto* de Goethe. Talvez por isso *Ulisses* não possua a característica de obra simbólica. Na verdade pode-se pressentir a existência de fundos arquetípicos; atrás de Daedalus e Bloom, encontram-se as figuras eternas do homem espiritual e carnal. A Sra. Bloom encobre talvez uma *anima* emaranhada nas coisas dessa vida, e o próprio *Ulisses* seria o herói. A obra, porém, não visa a esses panos de fundo; ao contrário, afasta-se deles em direção à mais clara e ampla consciência. Evidentemente não é simbólico e, em circunstância alguma, pretende sê-lo. Se fosse simbólico em alguns trechos, o inconsciente teria, apesar de todo o cuidado, pregado uma peça ao autor. Pois "simbólico" significa que uma essência poderosa e inconcebível reside oculta no objeto,

seja espírito ou mundo; e que o homem faz desesperados esforços para enquadrar numa expressão o segredo que lhe escapa. Para tanto deve-se dirigir ao objeto com todas as suas forças mentais e penetrar todos os véus reluzentes, a fim de trazer à superfície o ouro que jaz oculto nas desconhecidas profundezas.

Mas o que perturba em *Ulisses* é que, atrás de milhares e milhares de véus, nada existe. Não se dirige ao espírito e nem ao mundo. Frio como a lua, observando de uma distância cósmica[15], permite que a comédia da criação, da existência e do desaparecimento siga o seu curso. Espero sinceramente que *Ulisses* não seja simbólico; pois do contrário não teria atingido o seu objetivo. Qual o segredo tão ansiosamente guardado e encoberto com cuidado ímpar durante essas intoleráveis 735 páginas? Melhor não despender energias e tempo com infrutíferas caças ao tesouro. Nada pode haver atrás disso, pois do contrário a nossa consciência estaria novamente comprometida com o espírito e o mundo, perpetuando para sempre os Srs. Daedalus e Bloom e enganados pelas dez mil aparências. É exatamente isto que *Ulisses* quer evitar: ele quer ser um olho lunar, uma consciência desligada do objeto; não escravizado por deuses, nem pela luxúria; não preso por amor ou ódio, por convicção ou preconceito. *Ulisses* não diz isto, mas age assim: o *desprendimento da consciência*[16] é a meta que começa a se manifestar por trás da cortina nebulosa desse livro. Este é certamente o verdadeiro segredo da nova consciência cósmica que não é revelado àquele que leu conscienciosamente as 735 páginas, mas àquele que durante os 735 dias contemplou o seu mundo e sua própria mente através dos olhos de *Ulisses*. Este lapso de tempo deve ser visto simbolicamente – "um tempo, tempos, e um meio-tempo" – e deverá ser um tempo suficientemente longo, uma duração indefinida durante a qual a transformação possa ocorrer. O *desprendi-*

186

---

15. GILBERT, Op. cit., p. 406 [Notas]: "... ver o cosmos por assim dizer com os olhos de Deus" [grifo de Jung].
16. GILBERT, Op. cit., também salienta esse desprendimento. Diz ele à p. 11: "O que caracteriza a atitude do poeta é um sereno desprendimento..." (Por mim, colocaria um ponto de interrogação após "sereno"). "Todos os fatores mentais, materiais, sublimes ou ridículos têm para o artista o mesmo valor. Este desprendimento, tão absoluto quanto a indiferença da natureza para com suas criaturas, deve ser uma das causas do realismo de *Ulisses*" (p. 12).

mento da consciência pode ser expresso na figura homérica do magnífico e tolerante Odisseu navegando entre Cila e Caribde, entre duas ilhas chamadas espírito e mundo, das Simplegadas – no inferno de Dublin: entre o Padre John Conmee e o Vice-Rei da Irlanda, "um bilhete amassado e jogado fora em seguida", flutuando, descendo o Liffey: "Elias [...] um esquife [...] um bilhete ligeiramente amassado, jogado fora, navegou para leste pelo flanco dos navios e barcos de pesca, no meio de um arquipélago com sobreiros, além da nova rua Wapping, depois da balsa de Benson e junto à escuna de três mastros *Rosevean*, procedente de Bridgewater, com tijolos"[17].

187 Seria esse desprendimento da consciência, essa despersonalização da personalidade, a Ítaca da Odisseia joyceana?

188 Dir-se-ia que num mundo de tantos nadas sobrasse, possivelmente, só o eu, James Joyce. Mas será que alguém notou que entre todos os eus, infelizes e sombrios desse livro, aparece apenas um eu verdadeiro? Certamente, cada personagem de *Ulisses* é de uma verdade insuperável e não poderiam ser diferentes do que são; eles são "eles mesmos" em todos os sentidos e, contudo, não possuem um ego e nenhum ponto central humano plenamente consciente como aquela ilha-eu, circundada pelo sangue quente do coração, que é – oh! Deus – tão pequena, porém, de tão vital importância. Todos os Daedalus, Blooms, Harries, Lynchs, Mulligans e os demais, falam e se locomovem como se estivessem num mesmo sonho, que começa no nada e termina em lugar nenhum e somente existe porque "ninguém" – um invisível Odisseu, o sonha. Ninguém, sabe disso, e contudo todos vivem porque um Deus mandou que vivessem. Assim é a vida, e é por isso que os personagens joyceanos são tão verdadeiros – *Vita somnium breve* (a vida é um breve sonho). Mas aquele eu que a todos abrange não aparece em parte alguma. Ele não se trai em nada, em nenhuma opinião, em nenhuma participação, em nenhum antropomorfismo. O eu do criador desses personagens não é encontrado. É como se ele se tivesse diluído nos inúmeros personagens do *Ulis-*

---

17. [p. 239]. "Elijah, skiff, light crumpled throwaway, sailed eastward by flanks of ships and trawlers, amid an archipelago of corks beyond new Wapping street past Benson's ferry, and by the threemasted schooner Rosevean from Bridgewater with bricks."

ses[18]. E, no entanto, ou melhor, por isso mesmo, tudo e cada coisa em si, até a falta de pontuação do último capítulo, é Joyce mesmo. A sua consciência desprendida e contemplativa, que abrange a simultaneidade intemporal dos acontecimentos do dia 16 de junho de 1904 com o único olhar indiferente, deve dizer a essa aparição: *Tat twam asi* – tu és isto – "tu" no sentido mais elevado: nenhum eu, mas o si-mesmo; pois somente o si-mesmo abrange o eu e não eu, o inferno, as entranhas, as *imagines et lares* e o céu.

Lendo *Ulisses* vejo sempre diante de mim aquele quadro chinês, publicado por Richard Wilhelm, representando um iogue em meditação, de cuja cabeça surgem 25 figuras[19]. Esta ilustração descreve o estado espiritual do iogue que se encontra na iminência de libertar-se do seu eu, a fim de passar para aquele estado mais objetivo e completo do si-mesmo, o estado do "solitário disco lunar em repouso", do sat-chit-ananda, uma síntese do ser-não ser – último objetivo no caminho da libertação oriental e a mais valiosa pérola da sabedoria da China e da Índia, procurada e exaltada através dos séculos. 189

O "bilhete amassado e jogado fora em seguida" está boiando, nadando para o leste. Por três vezes, este bilhete aparece em *Ulisses* e todas as vezes misteriosamente ligado a Elias. Duas vezes se diz: "Elias está chegando". E de fato ele aparece na cena do bordel (comparada com muito acerto por Middleton Murry à noite das bruxas do *Fausto*), onde, em gíria americana, ele esclarece o segredo do bilhete: 190

> Rapazes, é agora. O tempo de Deus é 12,25. Digam à mãe que lá irão ter. Depressa com seus pedidos e jogarão com ás. Juntem-se logo e aqui! Reservas para a junção com a eternidade, viagem direta. Só uma palavra mais. Sois um deus ou malditos ateus? Se o segundo advento chegar a Coney Island, estaremos prontos? Florry[20] Cristo, Stephen Cristo, Zoé Cristo, Bloom Cristo, Kitty Cristo, Lynch Cristo, depende de vocês

---

18. Como Joyce mesmo diz (em *A Portrait of the Artist as a Young Man*): "O artista, como o Deus da criação, encontra-se dentro, atrás, além ou acima de sua obra, é invisível, sem vida própria, indiferente e limpa as unhas" [p. 245 da edição inglesa de 1930].
19. WILHELM & JUNG. *Das Geheimnis der Goldenen Blüte* (*O segredo da flor de ouro*). 12. ed. Petrópolis: Vozes, 2010).
20. Florry, Zoé, Kitty são as três prostitutas, as outras são companheiras de Stephen.

sentirem essa força cósmica. Temos tremedeira de medo do cosmo? Não. Fiquem do lado dos anjos. *Sejam um prisma. Vocês têm aquela certa coisa dentro, o eu superior. Podem ombrear com um Jesus, um Gautama, um Ingersoll.* Estão todos dentro desta vibração? Eu lhes digo que estão. Uma vez que tenham pescado isso, congregados, uma passadela para o céu se torna uma sopa. Percebem? É um brilhareco de vida, na certa. A talagada mais quente que já houve. É um manjar completo com geleia por cima. É o achado mais catita que já foi feito. É imenso, é surpreendente. Restaura[21].

191 Podemos perceber o que aconteceu aqui: o desprendimento da consciência humana e a decorrente aproximação da consciência "divina" – base e maior realização artística de *Ulisses* – sucumbe à diabólica desfiguração na loucura e bebedeira infernal do bordel, justamente quando seu pensamento aparece encapuzado por uma tradicional fórmula de retórica. Ulisses, o tolerante e mil vezes perdido, anseia pela sua ilha natal, anseia por voltar a si mesmo, lutando em meio às turbulências dos 18 capítulos e libertando-se das ilusões do mundo dos doidos, "observando-o de longe", sem se envolver. Desse modo ele consegue aquilo que um Jesus ou um Buda realizaram, ou seja, vencer a loucura do mundo e libertar-se dos opostos, o que, aliás, também é o anseio de Fausto. E assim como Fausto se dissolve no Eterno Feminino, assim também a Sra. Bloom, que Stuart Gilbert qualificou, com muito acerto, como terra verdejante, tem a última palavra em seu monólogo sem pontuação, cabendo-lhe ainda a graça

---

21. [Grifo de Jung, p. 478: "Boys, do it now. God's time is 12.25. Tell mother you'll be there. Rush your order and you play a slick ace. Join on right here! Book through to eternity junction, the nonstop run. Just one word more. Are you a god or doggone clod? If the second advent came to Coney Island are we ready? Florry Christ, Stephen Christ, Zoe Christ, Bloom Christ, Kitty Christ, Lynch Christ, it's up to you to sense that cosmic force. Have we cold feet about the cosmos? No. Be on the side or the angels. "Be a prism. You have that something within, the higher self. You can rub shoulders with a Jesus, a Gautama, an Ingersoll." Are you all in this vibration? I say you are. You once nobble that, congregation, and a buck joyride to heaven becomes a back number. You got me? It's a lifebrightener, sure. The hottest stuff ever was. It's the whole pie with jam in. It's just the cutest snappiest line out. It is immense, supersumptuous. It restores" (Trad. do Prof. Antônio Houaiss para o português)].

de, após todas as gritantes e diabólicas dissonâncias, deixar ressoar o harmonioso acordo final.

Ulisses é o deus criador em Joyce, um verdadeiro demiurgo que conseguiu libertar-se da confusão em seu mundo físico e mental e contemplá-la com a sua consciência desprendida. Em relação a Joyce, Ulisses se comporta como Fausto diante de Goethe e Zaratustra diante de Nietzsche. Ulisses é o *self* maior que, saindo do cego emaranhado do mundo, volta à pátria divina. Em todo o livro não aparece nenhum Ulisses; o próprio livro é Ulisses, um microcosmo dentro de Joyce, mundo do si-mesmo e o si-mesmo de um mundo num só. Ulisses só poderá voltar quando se tiver distanciado do mundo, tanto espiritual como físico. Certamente, é aí que está o motivo mais profundo da imagem universal de *Ulisses*: é o dia 16 de junho de 1904, dia útil do homem comum, durante o qual pessoas potencialmente insignificantes dizem e fazem coisas ininterruptamente, sem começo e sem rumo, de modo obscuro, fantástico, infernal, irônico, negativo, feio e demoníaco, porém verdadeiro – uma visão do mundo que nos poderia propiciar pesadelos ou um estado de alma cósmico de uma quarta-feira de cinzas, ou talvez aquele sentimento do Criador do mundo, no dia 1 de agosto de 1914. Após o otimismo do sétimo dia da criação, deve ter sido difícil para o demiurgo, em 1914, continuar se identificando com sua obra. *Ulisses* foi escrito entre 1914 e 1921 – nenhum motivo, portanto, para pintar um quadro especialmente alegre do mundo ou para querer abraçá-lo com carinho. (É assim até hoje.) Não é de admirar pois, que o Criador do mundo projete no artista uma imagem negativa de seu mundo, tão negativa e tão blasfemamente negativo que a censura nos países anglo-saxões simplesmente proibiu *Ulisses* de circular, para evitar o escândalo de uma contradição com o relato da criação. Foi assim que o incompreendido demiurgo se tornou o Odisseu à procura de sua pátria.

Há bem pouco sentimento no *Ulisses*, o que certamente deve agradar bastante os estetas. Mas suponhamos que a consciência de *Ulisses* não seja apenas uma lua, mas um eu com intelecto crítico e coração sensitivo, então a caminhada pelos 18 capítulos não seria apenas um desgosto, mas verdadeira *via crucis* e, ao anoitecer, este peregrino desmoronaria, depois de muito sofrimento e absurdos, nos braços da Grande Mãe que significa o começo e o fim da vida. Sob o cinismo de Ulisses esconde-se a grande compaixão, o padecimento de um mundo que não é nem feio nem belo e, o que é pior, desesperançoso porque vai rolando através do dia a dia, eternamente repetido, arrastando consigo a consciência do homem numa dança idiota através de horas, luas e anos. Ulisses ousou efetuar o corte que deve separar a ligação do consciente com seu objeto. Ele se libertou da participação, do envolvimento e do deslumbramento e, por isso, pode voltar para casa. Ele é muito mais do que uma simples expressão de opinião pessoal e subjetiva; pois o gênio criativo nunca é *um*, mas *vários* e por isso fala, no silêncio da alma, à multidão, cujo sentido e destino ele encarna tanto quanto o próprio artista.

194   Parece-me, agora, que tudo aquilo de negativo, de "sangue-frio", bizarro, banal, grotesco e infernal, são virtudes positivas da obra joyceana, devendo por isso ser elogiado. A linguagem indescritivelmente rica, de mil e uma facetas, com parágrafos se arrastando longos como lombrigas num tédio terrível e numa pavorosa monotonia é, do ponto de vista épico, grandiosa, um verdadeiro Mahabharata de inadequações de um mundo humano com seus inúmeros meandros e com suas profundidades diabolicamente doidas. "De drenos, fendas, escoadouros, montes de esterco, elevam-se por todos os lados pútridas emanações"[22]. E é nessa imundície que se refletem numa distorção blasfêmica – como nos sonhos – quase todas as últimas e mais elevadas ideias religiosas. (*Die andere Seite*, de Alfred Kubin, é um parente campesino de Ulisses, o morador da metrópole.)

195   Também posso aceitar isso de bom grado, pois é inegável. Ao contrário, até o aparecimento da Escatologia na escatologia (referente aos excrementos) prova a verdade da afirmação de Tertuliano: *anima naturaliter christiana*. Ulisses demonstra ser um bom anticristo provando com isto a durabilidade do seu cristianismo católico. Ele não só é um cristão, mas portador até de títulos de fama ainda maiores: budista, shivaíta e gnóstico. "(*Com uma voz de ondas.*) Iogue branco dos deuses. Pemandro oculto de Hermes Trismegistos (*com uma voz de sibilante marivento*). *Punarjam patsypunjob!* Não quero

---

22. *Ulisses*, cena do bordel, p. 412: "From drains, clefts, cesspools, middens arise on all sides stagnant fumes".

que façam troça de mim. Foi dito por alguém: cuidado com a esquerda, o culto Shakti. (*Com um guincho de procelária*) Shakti, Shiva! Pai sombrio secreto! Omm! Bomm! Pijomm! Sou a luz da lareira, sou o sonho, sou a cremosa manteiga"[23].

Não é emocionante e significativo verificar que o mais nobre e antigo Bem espiritual é imperecível também em meio às imundícies do esterco? Não existe nem uma fenda na alma pela qual o *spiritus divinus* pudesse exalar definitivamente sua vida no mundo do mau cheiro e da imundície. O velho Hermes, pai de todos os desvios heréticos, estava com a razão: "Como em cima, assim embaixo". Stephen Deadalus, o homem do ar com cabeça de ave, chafurdou na lama malcheirosa do regaço da terra, ao querer escapar do reino do ar demasiadamente etéreo, reencontrando na parte inferior o superior de onde tentava fugir. "E mesmo que eu fugisse para os confins do mundo [...]" a conclusão desta sentença é a blasfêmia de maior força comprobatória de Ulisses[24]. Melhor ainda: o indiscreto, sensual, perverso e impotente Bloom, vivencia no mais fundo da imundície aquilo que nunca antes lhe acontecera: a transfiguração como Homem-Deus. Uma boa-nova: quando os eternos sinais tiverem desaparecido no firmamento, o porco, ao procurar trufas, irá encontrá-los na terra novamente; pois eles estão impressos de modo imperdível e indestrutível, tanto em cima como embaixo, sendo impossível encontrá-los apenas naquele estágio de meio-termo – "morno" – maldito por Deus.

Ulisses é absolutamente objetivo e honesto e, portanto, digno de confiança. Pode-se confiar em seu testemunho que revela o poder e a nulidade do espírito e do mundo. Só Ulisses é vida, sentido e realidade; nele encontra-se incluída e concluída a verdadeira fantasmagoria da mente e da matéria dos eus e das coisas. Gostaria de fazer uma pergunta ao Sr. Joyce: "Será que o Sr. percebeu que o senhor é uma imagem, um pensamento e talvez até um complexo de Ulisses? Que ele o

---

23. *Ulisses*, p 481: "(*Whith a voice of waves*)... White yoghin of the Gods. Occult pimander of Hermes Trismegistos. (*With a voice of whistling seawind*). Punarjanam patsypunjaub! I won't have my leg pulled. It has been said by one: beware the left, the cult of Shakti. (*With a cry of stormbirds*). Shakti, Shiva! Dark hidden Father!... Aum! Baum! Pyjaum! I am the light of the homestead, I am the dreamery creamery butter".
24. Possível alusão ao Salmo 139,7-9 e *Ulisses*, p. 476.

enredou completamente como um Argos de cem olhos e que lhe inspirou a imagem de um mundo e de um antimundo, a fim de que o Sr. possuísse objetos sem os quais não lhe seria possível tornar-se consciente do seu eu?" Não sei qual seria a resposta do ilustre autor a esta pergunta. E também não me interessa; nada me impede de fazer metafísica por conta própria. *Ulisses* nos induz a esta pergunta quando observamos como ele extrai caprichosamente o microcosmo do dia 16 de junho de 1904, em Dublin, do macrocosmo caótico da história mundial, como o disseca sob uma lâmina de vidro, com todos os seus detalhes saborosos e não saborosos e o descreve com meticulosa precisão na qualidade de espectador totalmente desinteressado. São ruas, são casas, é um casalzinho que vai passear – um Sr. Bloom real, tratando do seu negócio de propaganda, um Stephen real, dedicando-se à filosofia aforística. Não seria de todo impossível se o Sr. Joyce em pessoa surgisse no campo visual de qualquer esquina de Dublin. E por que não? Ele é tão real quanto o Sr. Bloom, portanto, poderia, da mesma forma, ter sido extraído, dissecado e descrito (por exemplo, como o *Portrait of the Artist as a Young Man*).

Quem, então, é Ulisses? Talvez ele seja o símbolo daquilo que é o resumo, o conjunto de todas as aparições isoladas de todo o *Ulisses*, Sr. Bloom, Stephen, Sra. Bloom, inclusive o Sr. James Joyce. Consideremos: um ser que não seja somente uma alma coletiva, incolor, composta de um número indefinido de almas individuais renitentes e não pertencentes ao mesmo grupo, mas também composta de casas, conjunto de ruas, igrejas, do Rio Liffey, vários bordéis e um bilhete amarrotado a caminho do mar e que, apesar disso, possui uma consciência capaz de perceber e reproduzir. Todo esse emaranhado inconcebível estimula a especulação especialmente porque nada se pode provar e, em consequência disso, apenas se pode presumir. Desconfio que Ulisses, como um si-mesmo de maior extensão, seja o sujeito de todos aqueles objetos sob a lâmina, o ser que age como se fosse o Sr. Bloom, uma tipografia ou um bilhete amarrotado, mas que na verdade é o *The dark hidden Father* de seus objetos. "Eu sou o sacrificado" ou na linguagem das regiões infernais: "Sou a luz da lareira, sou o sonho, a cremosa manteiga". Quando ele se volta num abraço carinhoso para o mundo, florescem os jardins: "Oh e o mar [...] carmesim às vezes como fogo e os poentes gloriosos e as figueiras nos jardins da Alameda sim e todas as ruazinhas esquisitas e casas rosas e azuis e amarelas e os rosais e os jasmins e gerânios e cactos [...]" – quando, porém, lhe vira as costas continua o dia a dia – "vai fluindo, fluindo e para sempre há de fluir"[25].

O demiurgo primeiro criou por vaidade um mundo que lhe parecia perfeito; mas ao levantar os olhos, viu uma luz que ele não havia criado. Então voltou para onde estava a sua pátria. Mas, ao fazer isso, a sua força criativa masculina transformou-se em docilidade feminina, e ele teve de reconhecer:

> O insuficiente,
> Se realiza aqui;
> O indescritível,
> Se expressa aqui;
> O Eterno Feminino
> Exerce a sua atração.

Sob a lâmina de vidro, bem no fundo, sobre a terra longínqua, na Irlanda, em Dublin, na Rua Eccles 7, no dia 17 de junho de 1904, mais ou menos às 2:00h da madrugada, sonolenta em seu leito, ecoa a voz da Sra. Bloom, completamente relaxada:

> Oh e o mar, o mar carmesim às vezes como fogo e os poentes gloriosos e as figueiras nos jardins da Alameda sim e todas as ruazinhas esquisitas e casas rosas e azuis e amarelas e os rosais e os jasmins e gerânios e cactos e Gibraltar eu mocinha onde eu era uma flor da montanha sim quando eu punha a rosa em meus cabelos como as garotas andaluzas usavam ou devo usar uma vermelha sim e como ele me beijava sob a muralha mourisca e eu pensei bem tanto faz ele como um outro e então eu lhe pedi com meus olhos para pedir de novo sim e então ele me pediu quereria eu sim dizer sim minha flor da montanha e primeiro eu pus os braços em torno dele sim e o puxei para mim para que ele pudesse sentir meus seios todo perfume sim

---

25. "O and the sea... crimson sometimes like fire and the glorious sunsets and the figtrees in the Alameda gardens yes and all the queer little streets and pink and blue and yellow houses and the rosegardens and the jessamine and geraniums and cactuses..." – "...labitur et labetur in omne volubilis aevum" (Horácio, Cartas I, 2, 43).

e seu coração batia como louco e sim eu disse sim eu quero Sim – [Trad. do Prof. Antônio Houaiss][26].

201   Oh! *Ulisses*, tu és um verdadeiro livro de devoção para o homem branco objetivamente crédulo, objetivamente amaldiçoado! Tu és um *exercitium*, uma ascese, um ritual cruel, um procedimento mágico, dezoito retortas alquimistas ligadas uma à outra, onde, com ácidos, vapores venenosos, gelo e fogo, será destilado o homúnculo de uma nova consciência universal!

202   Tu nada dizes e nada revelas, ó Ulisses, mas produzes. Penélope não precisa mais tecer a túnica interminável, ela agora pode passear nos jardins da terra, pois seu esposo voltou para casa após todas as suas odisseias. Um mundo desapareceu e um novo se iniciou.

203   Nota complementar: Agora a leitura do *Ulisses* já consegue ser bastante suportável.

Apêndice

A história da origem deste ensaio interessa, pois foram publicadas a respeito explicações contraditórias. A versão presumivelmente certa é a citada em primeiro lugar, como segue:

1) No parágrafo 171, Jung diz que escreveu o ensaio porque um editor lhe havia perguntado "o que pensava sobre ele (Joyce), respectivamente sobre *Ulisses*". Trata-se do Dr. Daniel Brody, antigo diretor da Editora Rhein, em Zurique, a qual havia publicado em 1927 uma tradução alemã do *Ulisses* (2ª e 3ª edições em 1930). Dr. Brody informara ter assistido a uma conferência de Jung em Munique sobre

---

26. Op. cit., p. 735: "O and the sea the sea crimson sometimes like fire and the glorious sunsets and the figtrees in the Alameda gardens yes and all the queer little streets and pink and blue and yellow houses and the rosegardens and the jessanine and geraniums and cactuses and Gibraltar as a girl where I was a Flower of the mountain yes when I put the rose in my hair like the Andalusian girls used or shall I wear a red yes and how he kissed me under the Moorish wall and I thought well as well him as another and then I asked him with my eyes to ask again yes and then he asked me would I yes to say yes my mountain flower and first I put my arms around him yes and drew him down to me so he could feel my breasts all perfume yes and his heart was going like mad and yes I said yes I will Yes".

"A psicologia do poeta" (Trata-se provavelmente de uma antiga versão do ensaio VII deste volume, "Psicologia e poesia".) Quando, mais tarde, Brody conversou com Jung sobre isto, teve a nítida impressão que Jung se referia a Joyce, sem porém mencionar o seu nome. Jung contestou dizendo-lhe, entretanto, que se interessava realmente por Joyce e que havia lido parte do *Ulisses*. Dr. Brody respondera dizendo que a Editora Rhein tinha intenção de publicar uma revista literária e que um artigo de Jung sobre Joyce seria muito bem recebido para o primeiro número. Jung aceitou a proposta e, mais ou menos um mês depois, entregava ao Dr. Brody o artigo. Este constatou que Jung havia tratado do assunto Joyce e *Ulisses* do ponto de vista clínico e, ao que parecia, de maneira bastante rude. Enviou o artigo a Joyce que lhe telegrafou dizendo: Pendure-o mais baixo", em sentido figurado: "Mostre-o, imprimindo-o" (Joyce citava textualmente Frederico, o Grande, que dera ordem para que fosse pendurado mais baixo um cartaz que o atacava, a fim de que todos o pudessem ver). Amigos de Joyce, entre os quais Stuart Gilbert, aconselharam Brody a não publicar o artigo, se bem que Jung insistisse para que o fizesse. Nesse ínterim, surgiram na Alemanha tensões políticas, razão pela qual a Editora Rhein resolveu desistir da planejada revista literária e Brody devolveu o artigo a Jung. Mais tarde, Jung retocou o ensaio (amenizando o seu rigor), publicando-o em 1932 na *Europäische Revue*. A redação original nunca apareceu.

Servem de base para este resumo, em parte, as novas informações do Dr. Brody dadas aos editores da edição anglo-americana e, em parte, o conteúdo de uma carta do Prof. Richard Ellman que obtivera do Dr. Brody versão idêntica. O Prof. Ellman disse que abordará o assunto numa nova edição de sua biografia de Joyce.

2) Richard Ellman escreveu na 1ª edição de seu *James Joyce* (1959, p. 4) que Brody pedira a Jung que escrevesse um prefácio para a 3ª edição (em fins de 1930) da tradução alemã de *Ulisses*. Patrícia Hutchins, em *James Joyce's World* (1957, p. 182), cita Jung numa entrevista: "Nos anos trinta, fui solicitado a escrever um prefácio para a edição alemã do *Ulisses*, mas não obteve êxito como prefácio. Mais tarde publiquei-o em um dos meus livros. Meu interesse não era literário, mas profissional. Em minha concepção, o livro *Ulisses* era um documento de muito valor".

3) Joyce escreveu, de Paris, em 27 de setembro de 1930, numa carta a Harriet Shaw Weaver, o seguinte: "A Editora Rhein havia pedido a Jung que escrevesse um prefácio para a edição alemã do livro de Gilbert. Ele reagiu com uma crítica bastante hostil [...] sobre a qual está havendo uma violenta reação, mas gostaria que o Senhor o utilizasse [...]" (*Cartas*, ed. de Stuart Gilbert, p. 294). A Editora Rhein publicou uma edição alemã de *James joyce's "Ulisses"*: A *Study* sob o título *Das Rätsel Ulysses* (*O enigma Ulisses*, 1932). Numa carta aos editores, Stuart Gilbert escreveu: "Receio que a minha memória a respeito do ensaio de Jung sobre *Ulisses* esteja fraca, no entanto [...] tenho quase certeza que Jung foi solicitado a escrever um texto para o meu *Enigma* e não para a edição alemã de *Ulisses*". O Prof. Ellman observou, além disso, numa carta: "Suspeito que em algum ponto das conversações com Jung deve ter sido mencionada a possibilidade do aproveitamento do seu artigo como prefácio ao livro de Gilbert, por sugestão de Brody ou de Joyce".

Jung enviou a Joyce uma cópia da redação revista de seu ensaio, com a seguinte carta:

"O problema psicológico que o seu *Ulisses* legou ao mundo foi tão excitante que por várias vezes fui convidado a me pronunciar como suposta autoridade em questões psicológicas.

Ulisses provou ser uma tarefa dificílima, forçando a minha mente não apenas a um esforço fora do comum, mas também a uma peregrinação bastante extravagante (considerada do ponto de vista de um cientista). Seu livro, como um todo, foi para mim uma fonte de constante inquietação, tendo meditado sobre isso durante mais ou menos três anos, antes de conseguir localizar-me dentro dele. No entanto, devo dizer-lhe que estou profundamente agradecido, tanto à V.S., como à sua gigantesca obra, porque aprendi muito com isso. Talvez jamais possa dizer se realmente o apreciei, pois foi por demais desgastante para os nervos e o cérebro. Também não sei se V.S. apreciará o que escrevi sobre *Ulisses*, porque não pude me abster de relatar ao mundo o quanto ele me entediou, como resmunguei, como praguejei e como o admirei. As quarenta páginas contínuas do final representam um colar de verdadeiras pérolas psicológicas. Suponho que a avó do diabo entenda muito da verdadeira psicologia da mulher, eu, no entanto, até agora, não.

Tento simplesmente recomendar-lhe meu pequeno ensaio como um esforço cômico de alguém completamente de fora que se perdeu no labirinto do *Ulisses*, saindo dele só por acaso e por um triz. De qualquer forma, V.S. pode perceber, pelo meu ensaio, o que *Ulisses* pôde fazer a um psicólogo supostamente atual e equilibrado.

Com a expressão do meu mais profundo apreço, subscrevo-me, mui estimado Sr. Joyce, atenciosamente.

C.G. Jung"

O exemplar que Jung tinha do livro *Ulisses* contém na folha de rosto a seguinte inscrição em inglês, manuscrita por Joyce: "Ao Dr. C.G. Jung, com agradecido apreço pela sua ajuda e seus conselhos. James Joyce, Natal, 1934, Zurique". [Trata-se, evidentemente, do exemplar que Jung utilizou durante a redação do seu ensaio, pois alguns trechos do texto nele citados estão marcados a lápis.]

IX

Picasso¹

204 Talvez devesse, como psiquiatra, pedir desculpas ao leitor por envolver-me na agitação em torno de Picasso. Se um competente periódico não me tivesse feito a sugestão, provavelmente jamais teria escrito sobre este tema. Não que este artista e sua estranha arte fossem para mim um assunto de pouco interesse – pois já me devotei sinceramente à obra literária de seu irmão Joyce². Ao contrário, seu problema me interessa plenamente. Apenas me parece por demais extenso, difícil e emaranhado, para que eu possa, no curto espaço de um artigo, esclarecer mais ou menos todos os aspectos desse tema. Enfim, quando me atrevo a falar sobre Picasso, é com uma ressalva bem clara que o faço: nada tenho a questionar sobre sua arte, apenas falarei sobre a psicologia desta arte. Deixo portanto o problema da estética para os críticos de arte, restringindo-me à psicologia que serve de base a este tipo de criatividade artística.

205 Há quase vinte anos venho me ocupando com a psicologia da representação pictórica de processos mentais; estou, portanto, capacitado a ver os quadros de Picasso sob o ponto de vista de um profissional. Com base em minhas experiências, posso afirmar ao leitor que a problemática psíquica de Picasso, enquanto expressa em sua arte, é inteiramente análoga à dos meus pacientes. Infelizmente não o posso provar, pois são poucos os especialistas que conhecem o material compa-

---

1. Publicado pela primeira vez em *Neue Zürcher Zeitung* CLIII/2 (13 de novembro de 1932). No Museu de Artes de Zurique realizou-se uma exposição de 460 obras de Picasso, de 11 de setembro a 30 de outubro de 1932. Reeditado no livro *Wirklichkeit der Seele*, de C.G. Jung (cf. Referências).
2. *Ulisses. Um monólogo* [cf. cap. VIII deste volume].

rativo. Portanto, as considerações que farei adiante ficarão sem suporte, necessitando, pois, de toda a benévola imaginação do leitor.

A arte não objetiva extrai seus conteúdos essencialmente do "íntimo" da pessoa. Este "íntimo" não pode corresponder à consciência, já que contém imagens dos objetos comumente vistos, cuja aparência deverá necessariamente ser aquela que corresponde à expectativa geral. O objeto de Picasso, no entanto, tem aparência diferente da que corresponde à expectativa geral, aliás, tão diferente, que já nem tem mais aparência, como se não existisse correspondência alguma com objetos da experiência externa. Pela ordem cronológica, percebe-se em suas obras um crescente afastamento do objeto empírico e um aumento daqueles elementos que não correspondem mais a nenhuma experiência externa, mas surgem de um "íntimo" que se encontra atrás da consciência; em todo caso, atrás daquela consciência que, como um órgão geral de percepção, sobreposto aos cinco sentidos, está voltado para o mundo exterior. Atrás da consciência não se encontra o nada absoluto, mas sim a psique inconsciente que afeta a consciência por trás e por dentro, da mesma forma como o mundo externo afeta a consciência pela frente e de fora. Portanto, os elementos pictóricos que não correspondem a nenhum lado externo devem provir do "íntimo".

Como este "íntimo" é invisível e inimaginável, mas pode influenciar a consciência de um modo muito eficaz, levo os meus pacientes, sobretudo os que sofrem de tais efeitos, a reproduzi-los da melhor maneira possível, através da forma pictórica. A finalidade deste "método de expressão" é tornar os conteúdos inconscientes acessíveis e, assim, aproximá-los da compreensão. Com esta terapêutica consegue-se impedir a perigosa cisão entre a consciência e os processos inconscientes. Todos os processos e efeitos de profundidade psíquica representados pictoricamente são, em oposição à representação objetiva ou "consciente", *simbólicos*, quer dizer, indicam da melhor maneira possível, e de forma aproximada, um sentido que, por enquanto, ainda é desconhecido. De acordo com este fato, é impossível, num caso isolado e único, averiguar, com alguma certeza, qualquer coisa. Isto apenas nos causa uma sensação de estranheza e de um emaranhado confuso e incompreensível. Na realidade, não se sabe o que se quer significar e o que se quer representar. A possibilidade de compreensão só poderá surgir no caso de um estudo comparativo de muitos destes quadros. Por lhes faltarem imaginação artística, os quadros dos pacientes são em geral mais claros e simples, portanto, mais fáceis de serem compreendidos do que os quadros dos artistas modernos.

208 Entre os pacientes pode-se distinguir dois grupos: os *neuróticos* e os *esquizofrênicos*. O primeiro grupo produz quadros de caráter sintético com uma disposição de sentimento homogêneo e contínuo. Quando são completamente abstratos e, por isso, falta o momento do sentimento, então são, no mínimo, totalmente simétricos ou carregados de um sentido inconfundível. O segundo grupo, ao contrário, produz quadros que revelam imediatamente a sua ausência de sentimento. Em todo caso não transmitem nenhum sentimento homogêneo e harmonioso, mas contradições sentimentais ou até falta total de sentimento. Do ponto de vista puramente formal predomina a característica da *fragmentação*, expressa nas assim chamadas linhas de ruptura, uma espécie de fendas de rejeição psíquica, traçadas através do quadro. O quadro nos deixa frios ou tem efeito assustador por causa de sua falta de consideração paradoxal, sentimentalmente perturbadora, horrível ou grotesca para com aquele que o contempla. Picasso pertence a este grupo[3].

209 Apesar dessa nítida diferença entre os dois grupos, têm eles um ponto em comum, ou seja, o *conteúdo simbólico*. Em ambos os casos o sentido está implícito, mas o tipo neurótico procura o sentido e o sentimento correspondente, esforçando-se em transmiti-lo a quem o

---

3. Com esta afirmação não quero dizer que qualquer pessoa que pertença a um desses dois grupos seja neurótica ou esquizofrênica. Tal classificação apenas significa que, no primeiro caso, um distúrbio psíquico levaria provavelmente a sintomas neuróticos comuns e, no último, a sintomas esquizoides. Neste caso, a designação esquizofrênico não significa de modo algum tratar-se de esquizofrenia como doença mental, mas apenas de um hábito ou disposição, baseada na qual uma grave complicação psíquica poderia produzir uma esquizofrenia. Portanto, não estou qualificando nem Picasso, nem Joyce de psicóticos. Mas apenas os estou incluindo naquele vasto grupo de pessoas, cujo hábito é reagir a um profundo distúrbio psíquico, não com uma psiconeurose comum, mas com uma síndrome esquizoide. Já que minha observação acima motivou algum mal-entendido, achei por bem dar esta explicação psiquiátrica. [O artigo de Jung em *Neue Zürcher Zeitung* teve como consequência inúmeras réplicas na imprensa provocadas principalmente por sua observação sobre a esquizofrenia. Com as observações acima, ele tomou posição na primeira edição de *Wirklichkeit der Seele* (1934)].

observa. O esquizofrênico, no entanto, mal chega a revelar tal tendência, parecendo mais a vítima desse sentido. É como se ele tivesse sido subjugado e engolido pelo sentido e ele próprio se tivesse dissolvido em todos aqueles elementos que o neurótico, ao menos, procura dominar. Sobre a expressão esquizofrênica devo dizer o mesmo que já afirmei de Joyce: nada vem ao encontro de quem o contempla, tudo se afasta dele, até mesmo uma beleza ocasional aparece apenas como um imperdoável atraso de uma retirada. É o feio, o doentio, o grotesco, o incompreensível e o banal que está sendo procurado, não para esclarecer, mas para disfarçar, um disfarce, porém, que não aproveita a quem está buscando, mas, qual névoa fria que procura esconderijo, paira, sem querer, sobre pantanais desabitados como um espetáculo que pode prescindir do espectador.

No caso do 1º grupo, pode-se adivinhar *o que ele quer expressar*, e, no caso do 2º grupo, *o que ele não consegue expressar*. Em ambos, aparece o conteúdo misterioso. Uma tal série de imagens, seja em forma de quadro desenhado ou da palavra escrita, começa em geral com o símbolo da Nekyia, a jornada para o Hades, a descida para o inconsciente e a despedida do mundo superior. O que acontece depois, ainda que expresso em figuras e formas do mundo ambiente, indica um sentido oculto, tendo, por isso, caráter simbólico. Picasso começa a pintar os quadros ainda objetivos em azul, o azul da noite, do luar e da água, o azul-Tuat do mundo inferior do Egito. Ele morre e a sua alma cavalga para o além. A vida diurna agarra-se a ele e uma mulher com a criança chega a ele, advertindo-o. Assim como o dia para ele é mulher, assim também é a noite, e isto, em linguagem psicológica, significa a alma luminosa e a alma obscura *(anima)*. A alma obscura aguarda-o sentada e o espera no crepúsculo azulado, despertando pressentimentos patológicos. Com a mudança das cores entramos no mundo inferior. A objetividade é marcada pela morte, expressa na obra-prima horripilante das prostitutas adolescentes, sifilíticas e tuberculosas. O motivo das prostituídas começa com a entrada no mundo do além onde "ele", como alma desencarnada, associa-se a um grande número das mesmas. Quando digo "ele", refiro-me àquela personalidade em Picasso que compartilha o destino do mundo inferior, aquele homem que, impelido pelo destino, não se dirige ao mundo da luz do dia, mas ao mundo da escuridão; aquele que não segue o ideal

210

já reconhecido do belo e do bom, mas a força demoníaca da atração pelo feio e pelo mal. Esta vem à tona no homem moderno através de Lúcifer e do anticristo, gerando uma sensação de fim de mundo, envolvendo justamente esse mundo claro da luz do dia com as neblinas do Hades, contaminando-o com uma decomposição mortal para finalmente dissolvê-lo, como numa região de terremoto, em fragmentos, linhas de ruptura, resíduos, escombros, farrapos e destroços inorgânicos. Picasso e sua exposição são sinais dos tempos, tanto quanto as vinte e oito mil pessoas que vieram contemplar esses quadros.

211   Em geral, o inconsciente apresenta-se ao homem na forma da "obscuridade", de um *Kundry*, de uma feiura antediluviana, horripilantemente grotesca ou de uma beleza infernal, quando o atingido por um tal destino pertence ao grupo dos neuróticos. Correspondentes às quatro figuras femininas do mundo inferior gnóstico: Eva, Helena, Maria e Sofia, encontramos, na metamorfose de Fausto, Gretchen, Helena, Maria e o abstrato "Eterno-Feminino". Assim como Fausto está enredado em acontecimentos homicidas e reaparece, na segunda parte, sob forma modificada, assim também Picasso se transforma e aparece sob a forma submundana do trágico *Arlequim*, motivo esse que se manifesta em vários quadros. A propósito, *Arlequim* é um velho Deus ctônico[4].

212   A partir do testemunho de Homero, a descida aos tempos remotos pertence à Nekyia. Fausto retorna ao primitivo mundo louco do Monte das Bruxas e à quimera da Antiguidade. Picasso evoca as toscas formas terrestres de um grotesco primitivismo, deixando ressurgir, numa fria luz cintilante, a antiguidade pompeiana desprovida de alma, e assim faz algo que nem mesmo um Giulio Romano poderia ter feito pior. Entre meus pacientes, raramente eu nunca vi um que não tivesse recorrido a formas neolíticas de arte e não se tivesse deixado levar por antigas evocações dionisíacas. Arlequim, como Fausto, passeia por todas essas formas, mesmo que, às vezes, nada denuncie a sua presença a não ser o seu vinho, o seu alaúde ou os losangos coloridos de sua veste de bobo. E o que aprende durante a sua furiosa peregrinação através da humanidade milenar? Qual a quintessência que destilará desse acú-

---

4. Agradeço ao Dr. W. Kaegi a gentileza das exatas informações prestadas.

mulo de escombros e decadência, dessas possibilidades seminatas e prematuramente mortas de cor e formas? Que símbolo aparecerá como última causa e sentido de toda essa decomposição?

Diante da versatilidade desconcertante de Picasso é difícil arriscar um palpite; por isso, prefiro falar primeiro do que encontrei junto ao meu material. A Nekyia não é uma queda titânica, sem sentido e puramente destrutiva, mas uma *katabasis eis antron* cheia de sentido, uma descida à caverna da iniciação e do conhecimento secreto. A jornada através da história da psique humana tem a finalidade de recompor o homem como um todo, despertando a memória em seu sangue. A descida até as mães ajuda Fausto a elevar o homem pecador inteiro – Páris unido a Helena – aquele homem que, por causa de um deslize no doutrinarismo de sua época, caiu no esquecimento. É este que, todas as vezes em que houve comoções, causou o abalo do mundo superior e o causará de novo. Este homem está em contraposição com o homem do presente porque é aquele que sempre foi assim, enquanto o outro é apenas o que é no presente. De acordo com isso, ocorre nos meus pacientes, após o tempo da *Katabasis* e *Katalysis*, o reconhecimento da bipolaridade da natureza humana e da necessidade dos pares conflitantes de opostos. Por isso, após os símbolos da demência experimentados na desintegração, seguem-se imagens que representam a reunião dos opostos: claro-escuro, em cima-embaixo, branco-preto, masculino-feminino etc. Nos últimos quadros de Picasso percebe-se, claramente, o motivo da união dos opostos em sua justaposição direta. Um quadro (ainda que atravessado por muitas linhas de ruptura) contém até a combinação da *anima* clara e escura. As cores berrantes, inequívocas e até brutais do último período, correspondem à tendência do inconsciente de dominar com violência o conflito dos sentimentos (cor = sentimento).

Este estado de coisas não é meta e nem fim no desenvolvimento psíquico do paciente. Representa apenas a ampliação da visão que abrange agora o total da humanidade moral-bestial-espiritual, sem fazer dela uma unidade viva. O *drame intérieur* de Picasso desenvolveu-se até este último estágio antes do momento de transição. Sobre o futuro de Picasso prefiro não fazer profecias, pois essa aventura "interior" é perigosa, podendo a qualquer instante levar à paralisação ou a uma catastrófica explosão dos opostos conjugados em tensão. A figura de Arlequim reveste uma dualidade trágica, embora suas vestes ostentem os símbolos dos próximos estágios de desenvolvimento, visíveis para os iniciados. É ele o herói que deverá atravessar os perigos do Hades; mas, conseguirá? É uma pergunta a que não sei responder. Arlequim é um personagem lúgubre. Lembra-me demais aquele "rapaz todo colorido, bastante parecido com um palhaço", no *Zaratustra* de Nietzsche, que salta por cima do saltimbanco (equivalente ao palhaço) que de nada suspeita, causando com isto a sua morte. É aí que Zaratustra pronuncia as terríveis palavras que se cumpririam em Nietzsche: "Bem antes do teu corpo, tua alma morrerá; agora, nada mais temas!"[5] Quem é de fato o "palhaço" torna-se claro quando ele grita para o saltimbanco, – seu *alter-ego* mais fraco: "Estás obstruindo o caminho para alguém melhor do que tu!"[6] Ele é o maior, aquele que faz saltar a casca, e, às vezes, essa casca é o cérebro.

---

5. P. 23.
6. P. 22.

Referências*

AGIPPA AB NETTESHEYM, H.C. *De incertitudine et vanitate scientiarum declamatio invectiva.* Colônia: [s.e.], 1584.

ANQUETIL DUPERRON, A.H., apud *Oupnek'hat.*

AUGUSTINUS. Confessionum libri tredecim. *Opera Omnia* – Opera et studio monachorum ordinis S. Benedicti e Congregatione S. Mauri. Tomo I. Paris: [s.e.], 1836.

ASCHNER, B., apud PARACELSUS [todas as obras].

BARLACH, E. *Der Tote Tag.* Berlim: [s.e.], 1912 [Drama em cinco atos].

BENOIT, P. *L'Atlantide* – Romance. Paris: [s.e.], 1919.

BERNHEIM, H. *Die Suggestion und ihre Heilwirkung.* Leipzig/Viena: [s.e.], 1888 [Edição alemã autorizada por Sigmund Freud].

BERTHELOT, M. *Collection des anciens alchimistes grecs.* 3 vols. Paris: [s.e.], 1887/1888.

BREUER, J. & FREUD, S. *Studien über Hysterie.* Leipzig/Viena: [s.e.], 1895.

BURCKHARDT, J., apud JAHRBUCH, B.

CARUS, C.G. *Psyche.* [Seleção e introdução de Ludwig Klages. Jena: Eugen Diederichs, 1926 (Edição original: Pforzheim, 1846)].

COLONNA, F. *Hypnerotomachia Poliphili.* Veneza, [s.e.], 1499.

---

* Nas obras mais recentes (a partir de 1920), também se indica a editora, na medida do possível.

_____, apud FIERZ-DAVID, L. *Der Liebestraum des Poliphilo* – Ein Beitrag zur Psychologie der Renaissance und der Moderne. Zurique: Rhein-Verlag, 1947.

CURTIUS, E.R. *James Joyce und sein Ulysses.* Zurique: Neue Schweizer Rundschau, 1929.

DANTE, A. *Divina Comédia.* 2 vols. Stuttgart: [s.e.], 1871/1872.

EBERS, G. *Papyros Ebers. Das hermetische Buch über die Arzneimittel der alten Ägypter.* 2 vols. Leipzig: [s.e.], 1875.

ECKERMANN, J.P. *Gespräche mit Goethe in den letzten Jahren seines Lebens.* Leipzig: Insel, 1932.

ERMATINGER, E. *Philosophie der Naturwissenschaft.* Berlim: Junker e Dünnhaupt, 1930.

FIERZ-DAVID, L. *Der Liebestraum des Poliphilo* – Ein Beitrag zur Psychologie der Renaissance und der Moderne. Zurique: Rhein-Verlag, 1947.

FREUD, S. *Eine Kindheitserinnerung des Leonardo da Vinci.* Leipzig/Viena: [s.e.], 1910.

_____. *Der Mann Moses und die monotheistische Religion. Drei Abhandlungen.* Amsterdam: Allert de Lange, 1939.

_____. *Totem und Tabu.* Leipzig/Viena: [s.e.], 1913.

_____. *Die Traumdeutung.* Leipzig/Viena: [s.e.], 1900.

_____. *Der Wahn und die Träume in W. Jensens "Gradiva".* Leipzig/Viena: [s.e.], 1907.

_____. *Der Witz und seine Beziehung zum Unbewussten.* Leipzig/Viena: [s.e.], 1905.

_____. *Die Zukunft einer Illusion.* Leipzig/Viena/Zurique: Internationaler Psychoanalytischer: [s.e.], 1927.

_____. *Zur Psychopathologie des Alltagslebens* – Über Vergessen, Versprechen, Vergreifen, Aberglauben und Irrtum. Berlim: [s.e.], 1907.

_____, apud BREUER, J. & FREUD, S. *Studien über Hysterie*. Leipzig/Viena: [s.e.], 1895.

Geheimnis, Das, der Goldenen Blüte. Ein chinesisches Lebensbuch. [Com um comentário de C.G. Jung. Texto e notas de Richard Wilhelm. Zurique: Rascher, 1965].

GESSNER, C. *G' C' philosophici medici Tigurini epistolarum medi-cinalium*... libri III. Zurique: [s.e.], 1577.

GIEDION-WELCKER, C. "Work in Progress. Ein sprachliches Experiment von James Joyce". *Neue Schweizer Rundschau*, XXII, vol. 37. Zurique: [s.e.], 1929, p. 660-671.

GILBERT, S. *Das Rätsel Ulysses*: Eine Studie. Zurique: Rhein-Verlag, 1932.

GOETHE, J.W. "Faust". *Werke XII e XLI*. 30 vols., Stuttgart/Tübingen: Cotta, 1827-1835.

GOETZ, B. *Das Reich ohne Raum* – Romance. Potsdam: [s.e.], 1919 [Edição na íntegra: Konstanz: See-Verlag, 1925].

GUTMANN, B. *Die Stammeslehren der Dschagga*. 3 vols. C.H. Becksche Munique: Verlagsbuchhandlung, 1932-1938 [Arbeiten zur Entwik-klungspsychologie, 12, 16 e 19. Stück].

HAGGARD, H.R. *She*: A History of Adventure. Londres: [s.e.], 1887.

_____. *Ayesha*: The Return of She. Londres: [s.e.], 1905.

HALL, G.S. *Life and Confessions of a Psychologist*. Nova York/Londres: D. Appleton & Co., 1923.

HERMAS (Hermae Pastor). Graece add. vers. Lat... e cod. Palatino recens. Osc. de Gebhardt, Ad. Harnack. Leipzig: [s.e.], 1877 [Patrum apostolicorum opera fase, III].

HOFFMANN, E.T.A. *Der goldene Topf*. Leipzig: [s.e.], [s.d.] – [Bibliothek der Romane XXI].

_____, apud JAFFÉ, A. "Bilder und Symbole aus E.T.A. Hoffmanns Märchen 'Der Goldne Tofp'". In: JUNG, C.G. *Gestaltungen des Unbewussten*.

HORAZ (Quintus Horatius Flaccus). *Satiren und Episteln*. 2 vols. Munique/Leipzig: [s.e.], 1911 – [CONRAD, H. (org.)].

I Ging – Das Buch der Wandlungen. Jena: Eugen Diederichs, 1924 [Trad. do chinês e comentários de Richard Wilhelm (edição de bolso Düsseldorf-Colônia 1960)].

JAFFÉ, A. "Bilder und Symbole aus E.T.A. Hoffmanns Märchen 'Der Goldne Tofp'". In: JUNG, C.G. *Gestaltungen des Unbewussten*.

JAHRBUCH, B. 1901. [Burckhardt A. & WACKERNAGEL, R. Basileia: [s.e.], 1901 – Briefe Jakob [sic] Burckhardts an Albert Brenner, com introdução e comentários de Hans Brenner, p. 87-110].

JANET, P. *Névroses et idées fixes*. 2 vols. 2. ed. Paris: [s.e.], 1904/1908.

_____. *Les obsessions et la psychasthénie*. 2 vols. Paris: [s.e.], 1903.

JENSEN, W. *Gradiva. Ein pompeianisches Phantasiestück*. Dresden/Leipzig: [s.e.], 1903.

JOYCE, J. *Ulysses*. Paris: Shakespeare & Company, 1928.

_____. *A Portrait of the Artist as a Young Man*. 2. ed. Londres: [s.e.], 1917.

_____. *Work in Progress*. Paris: [s.e.], 1924-1938.

_____, apud GIEDION-WELCKER, C. "Work in Progress. Ein sprachliches Experiment von James Joyce". *Neue Schweizer Rundschau*, XXII, vol. 37. Zurique: [s.e.], 1929, p. 660-671.

JUNG, C.G.*. *Psychologische Typen*. Zurique: Rascher, 1921 [Novas edições 1925, 1930, 1937, 1940, 1942, 1947 e 1950 – Ges. Werke, vol. VI (1960 e 1967)].

_____. "Instinkt und Unbewusstes". *Über die Energetik der Seele*. (*Psychologische Abhandlungen*, II) Zurique: Rascher, 1928. – Nova edição ampliada: *Über psychische Energetik und das Wesen der Träume*. Zurique: Rascher, 1948 e 1965 (brochura). [Ges. Werke, vol. VIII (1967)].

---

* Obras citadas neste volume, em ordem cronológica.

_____. "Wirklichkeit der Seele". *Psychologische Abhandlungen*, IV, Zurique: Rascher, 1934 [Novas edições 1939, 1947 e 1969 (brochura)].

_____. "Psychologie und Alchemie". *Psychologische Abhandlungen*, V. Zurique: Rascher, 1944 [Nova edição ampliada 1952 – Ges. Werke vol. XII].

_____. *Aufsätze zur Zeitgeschichte*. Zurique: Rascher, 1946.

_____. "Gestaltungen des Unbewussten". *Psychologische Abhandlungen*, VIII. Zurique: Rascher, 1950 [Com uma colaboração de Aniela Jaffé – Colaborações de JUNG em: Ges. Werke, vols. XV e IX/1].

_____. "Über Wiedergeburt". *Gestaltungen des Unbewussten*.

_____. "Zur Empirie des Inäividuationsprozesses". *Gestaltungen des Unbewussten*.

_____. Cf. *Das Geheimnis*.

KERÉNYI, K. *Der göttliche Arzt* – Studien über Asklepios und seine Kultstätte. Basileia: [s.e.], 1948 [CIBA, A.G. (org.)].

KLAGES, L. *Der Geist als Widersacher der Seele*. 3 vols. Leipzig: J.A. Barth, 1929-1932.

KUBIN, A. *Die andere Seite. Ein phantastischer Roman*. Munique: [s.e.], 1909.

LEGGE, J., apud *The Yi King. Liber quartorum*. Cf. *Piatonis...*

MELVILLE, H. *Moby Dick or The White Whale*. Londres/Toronto/Nova York: [s.e.], 1907.

MEYRINK, G. *Das grüne Gesicht* – Romance. Leipzig: [s.e.], 1916.

MYLIUS, J.D. *Philosophia reformata*. Frankfurt a.M.: [s.e.], 1622.

NIETZSCHE, F. *Also sprach Zarathustra* – Ein Buch für Alle und Keinen. Werke VI. Leipzig: [s.e.], 1901.

_____. *Ecce Homo*. Werke XV. Leipzig: [s.e.], 1911.

Das Oupnek'hat. Dresden: [s.e.], 1882 [O resumido ensinamento de Brama tirado dos Vedas. Da tradução sânscrito-persa do Príncipe

Mohammed Daraschekoh para o latim por Anquetil Duperron – trad. por F. Mischel para o alemão].

PARACELSUS [Philippus Theophrastus Bombast von Hohenheim]. *Bücher und Schriften*. 2 vols. Basileia: [s.e.], 1589/1591 [HUSER, I. (org.)].

_____. *De caducis. Das ist Von den Hinfallenden Siechtagen*. Vol. I, 4ª parte, p. 245-282.

_____. *Fragmenta medica*. Vol. I, 5ª parte, p. 109-184.

_____. "Fragmenta ad Paramirum". *Fragmenta medica*, p. 112.

_____. *Labyrinthus medicorum*. Vol. I, 2ª parte, p. 148-187.

_____. *De morbis amentium*. Vol. I, 4ª parte, p. 32-73.

_____. *De transmutationibus rerum*. Vol. I, 6ª parte, p. 300-313.

_____. *Von dem Podagra*. Vol. I, 4ª parte, p. 141-147.

_____. *Das Buch Paragranum*. Leipzig: [s.e.], 1903 [STRUNZ, F. (org. e introd.].

_____. *Sämtliche Werke* [Segundo a edição completa Huser (1589/1591) – Obras completas traduzidas pela primeira vez para o alemão moderno com anotações explicativas de ASCHNER, B. 4 vols. Jena: Diederichs, 1926-1932].

_____. *Sämtliche Werke*. 14 vols. Munique/Berlim: R. Oldenburg, 1929-1933 [SUDHOFF, K. (org.)].

_____. *De vita longa*. Basileia: [s.e.], 1562(?) [BODENSTEIN, A. (org.)].

"Platonis quartorum... liber III". In: *Theatrum chemicum*, V, p. 114-208. Estrasburgo, 1622. *Poimandres*: cf. *Hermética* (I, p. 114-133).

RUSKA, J. *Tabula smaragdina* – Uma contribuição à história da literatura hermética. Heidelberg: Universidade Carl Winter, 1926.

SAUDECK, R. (org.). *Charakter. Eine Vierteljahresschrift für psychodiagnostische Studien und verwandte Gebiete*. Berlim: [s.e.], [s.d.].

SCHILLER, F. *Über naive und sentimentalische Dichtung*. Stuttgart/Tübingen: Cotta, 1826 [Sämtliche Werke XVIII].

SCOTT, W. (org.). *Hermética* – The Ancient Greek and Latin Writings Which Contain Religions or Philosophie Teachings Ascribed to Hermes Trismegistus. 4 vols. Oxford: Clarendon Press, 1924-1936.

SPITTELER, C. *Olympischer Frühling.* Edição modificada. Jena: 1915/1916.

_____. *Prometheus und Epimetheus* – Ein Gleichnis. 2. ed. Jena: Diederichs, 1923 [1. ed., 1880/1881].

VON BODENSTEIN, A., apud PARACELSUS [todas as obras].

WAGNER, R. *Der Ring des Nibelungen* – Ein Bühnenfestspiel. 2. ed. Leipzig: [s.e.], 1873.

WILHELM, R., apud *Das Geheimnis.*

The Yi King. (*The Sacred Books of the East XVI*). Oxford: [s.e.], 1882 [Trad. por James Legge].

Índice onomástico*

Adam von Bodenstein 21
Adler, A. 44[1], 57
Agostinho 149
Agrippa von Nettesheim 10, 17
Alexandre VI (Papa) 10
Allport, G.W. 44[1]
Amenófis IV 175, 176
Ângelo Silésio 11
Anquetil Duperron, A.H. 87
Apolônio de Tiana, 7, 91
Arquelau 19
Aschner, B. 12
Avicena 19, 24, 33

Bachofen, Joh. Jac, Prefácio cap. VII
Barlach, E. 142
Benoit, P. 137, 142
Bernheim, Hippolyte 62
Berthelot, M. 39[56]
Blake, W. 142
Bleuler, M. 44[1]
Böhme, J. 11, 142
Bombast, W. 3
Bombast von Hohenheim, Georg 3
Bombast von Hohenheim, Philippus Aureolus, cf. Paracelso
Brenner, A. 153[11]
Breuer, J. 62
Brody, D. 203

Buda 191
Burckhardt, J. 153, 159

Cardano, J. 36
Carus, Carl Gustav, Prefácio cap. VII, 157
Charcot, J.M. 62, 71 e 157
Colonna, F. 142, 154
Crato von Crafftheim 21
Curtius, E.R. 164[4], 165[5], 166[10], 168[12], 169

Dante Alighieri 142 e 143, (148), 151, 153
Doyle, C. 137

Ebers, G. 41[64]
Echnaton 176
Eckermann, J.P. 159[19]
Eckhart, Mestre 11
Ellman, R. 203
Empédocles 12
Ermatinger, Emil, Prefácio cap. VII[1]

Ficino, M. 10, 13
Fierz-David, L. 142[3], 154
Frederico, o Grande 203
Freud, S. 44-59, 60-73, 101-106, 155 e 156, 179, 181

---

* Os números entre parênteses indicam variação ou circunscrição do conceito. A numeração se refere aos parágrafos do presente volume. Os números em índice se referem às notas de rodapé.

Galeno, C. 19, 24, 33
Gessner, C. 21, 22, 23
Giedion-Welcker, C. 165[7]
Gilbert, S. 166[9], 170[13], 173[13], 186[15] e 186[16], 191, 203
Goethe, J.W. 25[10], (101), (111), (117), (120), 134, (138), (139), (141), (148), 151, 153, 154, 159, (178), 185, 192, (199)
Goetz, B. 142
Gogh, V. 174
Gutmann, B. 150[10]

Haggard, H.R. 137, 142, 143
Hall, S. 52
Hartmann, Eduard von, Prefácio cap. VII
Hauer, A. 90 e 90[5]
Hauptmann, G. 124
Heráclito 85
(Hermas) 142, 148, 153
Hermes Trismegistos 19, 195
Hipócrates 19, 24
Hölderlin, F. 178
Hoffmann, E.T.A. 142
Hohenheim, cf. Bombast
Homero 163, 212
Horácio 198[25]
Huser, J. 19, 40[62]
Hutchins, P. 203

Jaffé, A. 142[5]
Janet, P. 62, 123, 166[8]
Jesus 191
Joyce, J. 52, 143[6], 163-203, 180-184, 188, 192, 194, 197 e 198, 204, 208[3], 209
Jung, C. G. 1[1], 18[1], 44[1], (601), (741), (971), (cap. VII[1]), 142[2], (143[6]), (154[12]), 154[16], 159[19], cap. VIII[1], (168), (172), 189[19], 203, 204[1], 208[3]

Kaegi, W. 211[4]
Kant, I. 31
Kerényi, K. 159[20]

Klages, L. 72
Kranefeldt, W. 159[19]
Kubin, A. 142, 194

Legge, J. 77
Leibniz, G.W. Frhr. von 68
Leonardo da Vinci 55
Lévy-Bruhl, L. 44[1]
Lutero, M. 10, 51

Melville, H. 137
Mestre Eckhart 11
Meyrink, G. 142
Moisés 67 e 67[2], 165[6], 168, 182
Morieno 19
Murry, M. 190
Mylius 37[46]

Newton, I. 9
Nietzsche, F. 7 e 9, 45 e 48, 52, 61, 69, 103, 111, (117), Prefácio cap. VII, 141 e 142, 151, 154, (159), 178, 182, 185, 192, 214

Oporino, J. 8

Paracelso, T. 1-17, 18-43
Picasso, P. cap. VIII – Nota do autor, cap. IX, 204, 205, 206, 210, 212, 213 e 214
Platão 105
Pitágoras 12

Rank, O. 155
Rhazes 19
Romano, G. 111, 117
Schopenhauer, Arthur, Prefácio cap. VII
Spitteler, C. 142, 147, 151, 154
Stekel, Wilhelm 155
Strindberg, August 164
Sudhoff, Karl 19, 40[62]
Swedenborg, Emanuel 9, 13

Teofrasto, cf. Paracelso
Tertuliano 195

Tiepolo 176
Vesálio 34
Voltaire 46, 71

Wagner, R. 134, 142 e 143, 151, 169

Weaver, H.S. 203
Wernicke, A. 166⁹
Wilde, O. 166
Wilhelm, R. cap. V, 74-96, 189

Índice analítico*

Abaissement du niveau mental
(Janet) 123, 166 8, 166[9]
Ab-reagir 62
Adaptação 123, 128, 131, 158, 166[8]
Adormecer (sono) 165, 181
África 7
Água 38, 39, 210
Águia de Zeus 152
Alaúde 212
Alegoria 105, 185
Alkien 39[57]
Alma (psique) 2, 17, 56, 60, 61, 127, Cap. VII – prefácio, 133, 135, 153, 154, 157, 193, 210, 214
- endogamia da 5
- experiência da 13
- manifestações da 172
- obscura 210
- parte separada da 115
- sede da 25
- transformação da 28
Alpes 2, 3
Alquimia (alquimista) 19, 20, 25, 26, 27, 37, 39, 40
Alucinações 65
Amor (amoroso) 5, 6, 138, 144, 148, 154, 186
Anatomia 34
Anel dos Nibelungos, O (Wagner) 134, 142
Angústia 143, 148

Anima 154, 185, 210, 213
- mundi 13
- naturaliter christiana (Tertuliano) 195
- vegetativa 25
Animal 99
Animismo 17
Anomalia 146, 173
Antecipações 175
Anticristo 164[4], 195, 210
Antiguidade (tempos antigos) 11, 39[56], 81, 150, 212
Antropomorfismo 167
Apatia (apático) 123
Apocalipse 151
Arbitrariedade 2, 92, 106, 114, 122
Arcano (Paracelso) 7, 14, 25, 26, 37
Archasius 39
Archeus 39[57]
Argos 197
Arlequim 211, 214
Arquétipo 13, 127, 128, 129, 130, 159, 160
Arquitetura 174
Arte 10, 46, 121, 130, 131, 132, 212
- cabalística 40
- dos curandeiros 20
- moderna 174, 175, 178, 205, 207

---

* Os números indicam o parágrafo do texto.

- obra de 106, 107, 108, 110, 111, 121, 125, 133, 134, 135, 136, 156, 159, 160, 161, 166
Artista 101, 122, 123, 130, 131, 135, 156, 157, 160, 174, 188[18], 204, 207
Ásia 7
Assimilação 122
Associações 123, 166, 173
Astrologia 19, 20, 22, 29, 30, 34, 81
Astronomia 29[22], 38
Astrum (astral) 22, 32, 33
Atitude 111, 117, 160, 182
- científica 99
- limitadora 46
- típica diferenciada 122
Atlântida (Benoit) 142
Autodestruição 176
Autoerotismo 158
Automatismo 166[8]
Autorregulação 131
Autoridade 5, 11, 17, 19, 25, 183
Avião 152
Azul 210

Barroco 175
Basileia 7, 8, 20
Bem e mal 153, 159, 160, 182, 185, 210
Benzeduras de sangue 25
Bíblia 151
Bloom *(Ulisses)* 169, 181, 185, 186, 188, 196, 197, 198
- Sra. 198, 200
Bordel (cf. tb. casa de prostituição) 198
- cena do *(Ulisses)* 190
British Anthropological Society 80
Brutalidade 184
Bruxas 13, 14, 20
Buda 191
Budista 87, 195

Caráter 3
Caridade 42

Carrasco 14
Casa de prostituição (cf. Tb. bordel) 14
Catolicismo 10, 183, 195
Católico
- Joyce como 180
- Paracelso como 10
Cavalgar 210
Caverna
- alegoria da (Platão) 105
- da iniciação 213
Cérebro (atividade cerebral) 98, 103, 114, 126, 172 Céu 29, 30, 31, 151, 188
China (chinês) 74, 75, 77, 80, 88, 89, 189
Chiron 159
Chiste e sua ligação com o inconsciente, O (Freud) 66
Christian Science 20
Ciência (científico) 17, 44, 51-57, 75, 79, 120-122, 127, 145, 148, 154, 176, 180
- do espírito 60
Ciências naturais
- exatas 60
- pai das 17
Cila e Caribde 186
Cinismo 173
Círculo 13, 150
Cirurgião de campanha 14, 20
Clãs totêmicos 150
Coação mental 182
Coletivo (cf. tb. Inconsciente) 90, 128, 157, 174
Colisão ferroviária 152
Comédia 140
Compaixão 172
Compensação (compensar) 130, 152, 153, 184
Complexo 135, 147, 155, 197
- autônomo 115, 122, 123, 124
- de pai e mãe 100
- de inferioridade 5
Conflito de sentimentos 213

Congresso Alemão de Psicoterapia 90
Conhecimento 29, 30, 105, 121, 153, 213
Consciência 166[8], 185
- desprendimento da 186, 187, 188, 191
- eclipse da 152
- universal 186, 201
Consciente 116, 193, 198, 206
- apenas perceptível 163
- cisão do 207
- fragmentado 173
- influenciado pelo inconsciente 114, 152, 153
- limiar do 9, 122
Consulta médica 41
Contraste (oposto) 9, (17), 111, 213
- libertar-se do 191
Cor 212
Coração 75, 90, 93, 156
Corpo 214
Correlação (cf. t.b. Correspondência) 13
Correspondentia 13
Criadores (pais) 3, 100
Criança 99, 158
- e pais 3, 100
- e mãe (158)
Criatividade (criativo, criador) 114, 115, 118, 120, 135, 155, 158, 199
- homem 133, 193
- incubação 175
- matéria 12
- processo 109, 110, 112, 115, 157, (175-182)
Crime de lesa-majestade 141
Crise 94, 95
Cristão 11, 13, 17, 28, 45, 75, 87, 150, 154, 159, 182
Cristianismo 176, 195
Cristo 105, 159
Crítica 50
Cruz 150

Cubismo 174
Cultura 74, 75, 77, 93, 150, 184
Cura 1, 25, 68
- arte antiga 65
Curandeiro 14

Daedalus, Stephen *(Ulisses)* 169, 181, 186, 188, 190, 196, 198
De anatome corporis humani (Paracelso) 21
De incertitudine et vanitate scientiarum (Agrippa von Nettesheim) 10
Degenerescência 123
Demência 213
Demiurgo 12, 192, 199
Demoníaco 71, 144, 210
Demônio 10[5], 21, 127, 149
Derivação causal 99, 175
Desejos 52
- realização dos 64, 68
Desenhos
- de W. Blake 142
- em rochas 150
Desenvolvimento
- necessidade de 86
Destino 72, 127, 129, 139, 140, 149, 157, 158, 193
Destruição (destruidor) 17, 18, 49, 69, 153, 159, 172, 182, 185, 213
Deus 51, 87
- ctônico 211
- da criação 188[18], 192
- Estado de 176
- militar romano 90
- morte de 154
- olhos de 186[15]
Deuses 19, 149, 154, 163, 177, 186
- desmistificar os 182
Dia morto, O (Barlach) 142
Diabo 13, 39, 159, 165
Diagnose oftalmológica 20
Diagnóstico 32, 33, 36
Diferenciação 99

Digestão 27
Dionisíaco 178, 212
Dióscuros 159[19]
Distúrbios mentais 122, 152
Ditirambos 151
Divina comédia, A (Dante) 148
Doença(as) 14, 17, 25, 26, 27, 32, 34, 52, 62, 68, 90, 94, 95, 107, 146
- dos metais 27
Doentes mentais 144, 152, 166 8, 173, 174
Dogma 56, 69, 70
Dragões
- combate de 152
Dramas de Schiller 111
Dschou, Duque de 83
Dublin 166, 186, 197

Ecce Homo (Nietzsche) 178
Egito 165[16], 168
Egoísmo 158, 169
Ela, a feiticeira (Haggard) 142
Elementos, quatro 38
Emoção (cf. tb. Sentimento) 62, 64, 72
Emocional 98, 128, 182
Empirismo 17, 25, 59, 64, 206
Enantiodromia 94
Energia
- psíquica 123, 158
- transformação retroativa da 53
Enigma Ulisses, O (Gilbert) apêndice após 203
Entia (Paracelso) 14
Entranhas 168, 188
Enxaquecas 103
Época
- espírito da 118, 119, 130
- vitoriana 45, 47, 56, 57
Escatologia 195
Escolástica 10, 17
Escorpião 1
Escultura moderna 174
Espírito (mente) 12, 17, 73, 75, 76, 99, 156, 173, 185, 186, 196

- como antagonista da 72
- maligno 62, 71
Espíritos 39, 149
- de seus ancestrais 128
Espiritualismo (espiritual) 14, 17
Esquizofrenia 65, 173, 174, 208
Estereotipia 173
Estética 60, 204
Estoico 12
Estômago 27, 39
Etiologia (32), 36, (71), 155
Etnologia 60
Eu (Ego) 115, 158, 188, 189, 193, 197
Eufrates 37[47]
Eunuco 6
Europa (europeu) 7, 75, 87, 89, 90
Europäische Revue Cap. VIII - nota do autor, 203
Eva 211
Evolução 119
Extrovertido 111, 117
Exumação dos ossos de Paracelso 6

Face Verde, A (Meyrink) 142
Fanatismo (fanático) 56, 70, 179
Fantasia 126
- patológica 63, 144
Faraós 55
Farmacologia 36
Fausto (Goethe) 148, 153, 154, 159, 159[19]
- 1ª parte 138, 141, 148
- 2ª parte 111, 117, 138, 141, 142, 148, 178, 185, 211, 212
Feitiçaria 40
Feiticeiros 20, 21, 159
Feminino(a) 76, 134, 154, 213
- o Eterno Feminino 154, 191, 199, 211
- monstro 25
- psicologia 159
- pelve 6
Ferrara 24
Ferreiro 25
Fiction stories 137, 143

Filosofia (filosófico) 44, 45, 46, 48, 60, 61, 67, 70, 81, Cap. VII - prefácio, 142, 156, 197
- de Paracelso 9, 10, 11, 37-39
- naturalista 10, 37
Fogo 38
Folclore 25
Fonction du réel (Janet) 166[8]
Fonte de iluminação 29, 65
Fragmenta Medica (Paracelso) 39
Fragmentação 208
Freudiano(a)
- escola 155
- psicanálise (cf. Método)
- teoria 62, 106, 179
Funções 173
Fúria divina 122
Futuro de uma ilusão, O (Freud) 46, 67

Ganso-árvore 25
Genealogia 127, 152
Gênio 17, 144, 157
Germânicos 11, 45
Gnóstico 9, 11, 17, 91, 195, 211
Gótico 11
Grécia 151
Guerra 184

Hades 154, 210, 214
Heimarmene 12
Helena 154, 211, 213
Helenismo 91, 130
Hen 12
Heresia 22
- ariana 21
Herói 55, 152, 214
Heros 10[5]
Hexagrama 83
Hipnerotomaquia (F. Colonna) 142
- de Polifilo 154
Hipnotismo 62, (165)
Histeria 59, (62), 64, 103
Holanda 90
Homem (ser humano) 127, 156, 157, 158, 210, 213

- das sombras 182
- de pedra 168
- e a natureza 2, 17
- espiritual e carnal 185
- (Freud) 47, 48
- (Paracelso) 13, 22
Homo maximus 13, 31
Humanidade 12, 16
Humor 157, 168
Hyliaster 12

I Ching 77-81, 83-85, 88
Idade Média (medieval) 1, 25, 45, 62, 154, 176, 179, 180, 181, 182
Ideal 45, 57, 69, 128, 178, 182, 210
Ideia(as) 22, 31, 37, 44, 90, 126, 165[7], 194
- delirantes 152
- nova 63, 70
- obsessiva 68
- platônica 13
- primitiva 12
Ideos, ides 13
Igreja 10, 11, 17, 150, 154
Ilusão 69, 71, 113, 118, 146, 191
Imagem 110, 121, 124, 151, 152, 210
- desintegração da 213
- primitiva (primordial) 12, (16), 31, (71), 124, 125, 127, 159
Imago do feminino 154
Imperativo categórico (Kant) 31
Incompatibilidade 52, 104, 125, 144
Inconsciente 65, 68, 104, 115, 116, 153, 157, 210, 211, 213
- coletivo 124, 125, 152, 153, 174
- descida para o 210
- identidade 37
- linha do pensamento 165[6]
- pessoal 125
Íncubos 13, 71
Índia (indiano) 90, 91, 151, 189
Indivíduo 57, 108, 131

Infância 101
Infanticídio 139
Infantilismo 123, 176
Inferioridade 158
Inferno 151, 164
Ingênuo (Schiller) 111
Inglaterra 90
Inibição 122
Iniciação 213
Insensibilidade 184
Inspiração 113
Instinto 91, 128, 135, 160
- natural 99
- sexual
Intelecto 10, 16, 71, 76, 99, 121, 178, 193
Interpretação 84, 100, 121, 134, 137, 138, 161
- de Freud 51, 104, 105, 106
Interpretação dos sonhos, A (Freud) 65
Introvertido 111, 117
Intuição (intuitivo) 9, 31, 41
Ioga 28, 77, 88, 89, 90
logue 189
Irlanda 180, 181, 186, 200
Irritação 167

James Joyce's "Ulisses": a Study (Gilbert) Apêndice, após 203
James Joyce's World (Hutchins) Apêndice, após 203
Jarro de Ouro, O (Hoffmann) 142
Jesus 191
João, S. - Ordem de 3
Judaica, tradição 176

Katabasis eis antron 213
Kundry 211

Labyrinthus Medicorum (Paracelso) 29, 34
Láudano, pílulas de 7
Lei 5, 108, 149, 152, 158
Leitmotiv 166[9]

Liberdade (livre) 109, 112, 127, 155
Liber de Caducis (Paracelso) 42
Liber Quartorum 37^{47}, 39^{57}
Liffey 186
Limbus major (Paracelso) 13
Linguagem 11
Literatura
- domínio da Cap. VII - prefácio
- campo da 133
- perspectiva da 136
Lorind 25
Lua (luar) 189, 193, 210
Lúcifer 210
Lumen naturae 29, 34
Lutherus medicorum 43
Luxúria 186

Mãe 133, 134, 152, 154
- complexo de 100
- de Paracelso 4
- de Goethe 134, 213
- e filho 50
- grande 193
- motivo mitológico das duas mães 55
- terra 3
Magia 40, 149
Magnetopatia 20
Mahabharata 194
Mal (cf. Bem e Mal)
Maori 59
Margarida (Gretchen) *(Fausto)* 139, 154
Maria 211
Marte 1
Mater gloriosa (Fausto) 154
Matéria
- cósmica 12
- criadora 12
- prima 39
Materialismo 13, 45, 47
Mecânico 13
Medicamentos (cf. tb. Remédios) 27
Medicina

- e Psicologia 56, Cap. VII - prefácio
- moderna 17, 40
- popular 14
- teórica 19, 20
Médico 1, 90
- Cristo como 159
- Freud como 68, 70
- Nietzsche como 159
- Paracelso como 4, 7, 41
Mefistófeles 101, 159[19], 159, (175)
Melosina 25
Mercúrio 159[19]
Método
- da Psicanálise de Freud 44, 56, 70, 103, 104, 105, 125, 156
- de consulta médica 41
- de expressão 207
- de Paracelso 41
- para ler Joyce 165
Microcosmo 13, 22, 25, 27, 192
Missão cultural 55
Mistérios antigos 150
Mitologia (mitológico) 125, 127, Cap. VII - prefácio, 143, 150. 151, 152, 167
Mitra 90
Moby Dick (Melville) 137
Moeda 83
Moisés 67, 165[6], 168, 182
- "O Homem Moisés" (Freud) 67
Monge 142, 154
Monomanias alimentares 20
Monoteísmo 176
Monotonia (monótono) 165, 173, (194)
Monte das Bruxas 151
Moral 45, 48, 49, 61, 144, 158, 160, 182, 214
Morte 210
Mosteiros tibetanos 150
Mulher
- com a criança 210
- Psicologia da, Apêndice após 203
Mundo 186, 188, 196
- concepção do 12, 16, 55, 79

- inferior do Egito 210
- telúrico da Grécia 151
Música de WAGNER 169
Mysterium magnum (Paracelso) 13

Não eu, o 188
Nápoles, Campanha de 7
Narcisista 102
Narcótico 123[6]
Nascimento 84
Naturalismo 130
Natureza 2, 13, 17, 38, 120, 140
- alta fidelidade à 169
- infantil 69, 158
- luz da (29), 41
Nekyia 210, 212, 213
Neolítica, forma 212
Neologismo 173
Neoplatonismo 10
Neurologista 61
Neurose 100, 106, 152, 155, 156
- etiologia da 71
- psicologia da 56, 59, 63, 64, 66
Neurótico 56, 61, 63, 64, 65, 68, 70, 71, 100, 104, 144, 148, 162, 208, 208[3]
Niilismo 172
Noite 210
Noite das bruxas *(Fausto)* 190
Normal 63, 64, 100, 103, 122, 131, 148
Numen 160

Objeto
- atividade do 39
- da Psicologia, Cap. VII - prefácio, 134
Obsessão (Janet) 62
Obsessions et la Psychasthénie, Les (Janet) 62
Odisseu 186, 188, 192
Ondinas 13
Oráculo 65
Oriente (oriental) 74, 78, 87, 88, 90, 189
Osteopatia 20

Outro lado, O (Kubin) 142, 194
Paciente 61, 63, 207, 208, 212
Paganismo (pagão) 10, 17, 21, 154
Pai sol 3
Paixão 46, 47, 139, 140, 149, 154, 158
Palhaço 214
Pallas Athene 110
"Panpsiquismo" 17
Papyrus Ebers 41
Paradoxo 151
Paragranum, Das Buch Paracelso) 14, 24, 26
Paris 87
Páris e Helena 213
Parsifal (Wagner) 142, 151
Parteira 14, 20
Participation mystique 17, 128, 162
Partículas vivas 14
Parties inférieures des fonctions (Janet) 123
Pássaro Roca 152
Pastor de Hermas, O 142, 148, 153
Patológico (cf. tb. Paciente) 100, 122, 134, 144
Pedra, Idade da 150
Penélope 202
Pensadores 11
Pensamento 110, 173, 197
- visceral 166, 172
Percepção 163, 166, 172, 173, 206
Personalidade
- despersonalização da 187
- desintegração da 169, 174, 176
- reestruturação da 19, 93
Perverso(a) 144, 151, 175
Pessimista 180
Peste, epidemia de 14
Pintura 174, (205), (207)
Planta 107
Pleroma 149
Plutão 152
Poder
- da terra 2

- do intelecto 71
- tendência de 57
Poesia 111, 138, 140
Poeta 11, 100, 101, 103, 109, 111, 112, 113, 114, 138, 139, 144, 146, 147, 148, 155, 159, 161
- vivência pessoal e íntima do 101, 107, 108, (134), 144, 146, 147, 153, 155, 156, 157, 161, 174
Poimandres (Hermes Trismegistos) 142
Polia 154
Polifilo 154
Portrait of the Artist as a Young Man (Joyce) 197
Possessão 62, (65), 71
Prazer 127
- infantil de defecar 51
- princípio do 57
Pré-socráticos 12
Pressentimento 124, 144, 148, (150), 210
Pressupostos
- do autor 137
- de FREUD 61, (69, 70)
Primavera olímpica (Spitteler) 142, 147
Primitivo 12, 13, 17, 37, 59, 66, 99, 128, Cap. VII - prefácio, 149, 150, 158, 176
Princípio cosmogônico 12
Princípios reguladores 126
Profeta 149, 181, 184
Proglótide 169
Prognóstico 32, 33, 36
Progresso espiritual 17
Prometeu (Spitteler) 154
Prosérpina 152
Prostituta 210
Protestantismo (protestante) 10, 45, 52, 183
Psicanálise 44, 52, 56
- dos artistas 115
- e a obra de arte 101, 106, (112)

O espírito na arte e na ciência 165

Psicologia 60, 98, 99, 113, Cap.
VII - prefácio, 133, 134, 135
- analítica da obra de arte poética
97, 115, 120, 121, 132
- causalística 108
- da mulher (159), Cap. VIII -
apêndice
- da obra de arte 147, 152, 155,
156
- da religião 60
- das neuroses 56, 59, 63, 64, 66
- das profundezas 149
- de JANET 166[8]
- do poeta 145, 147, 159
- e arte 97, 204
- freudiana 144
Psicólogo, Cap. VII - prefácio
Psicopatologia 60 (144, 146)
Psicopatologia do quotidiano
(Freud) 66
Psicose 106
Psicotécnica, Cap. VII - prefácio
Psicoterapeuta 54, 168
Psicoterapia (41), Cap. VII -
prefácio, (168)
Psiquiatra 184
- Jung como, Cap. VII - prefácio,
(168), 172, 204
Psiquiatria 65
Psychopathia sexualis 101
Purgatório 151

Quadro (desenho) 207, 208, 210, 211

Racionalismo 45, 62
Ratos 25
Razão 182
Realidade psíquica 148
Realismo 130
Redução 57, 147
- de FREUD 103
Reflexos 135
Reformador 183
Regressão da mente 17
Reino do céu 105

Reino sem espaço,, O (Goetz) 142
Religião 12, 45, 46, 47, 49, 61, 65, 67, 69, 98, 99, 156, 194
- ciência da (67), Cap. VII -
prefácio
- psicologia da 60
Religio medica (Paracelso) 41
Remédios (cf. tb. Medicamentos)
14, 90, 159
Renascença 43
Repetição 169, 173
Representantes orgânicos
(Wernicke) 166[9]
Repressão (repressivo) 45, 47, 52, 64, 100, 104, 106, 125, 126
- teoria da (Freud) 64, 66
Reprodução arbitrária 122
- consciente 198 Resistência 147, 149
- contra *Ulisses* 179
Ressentimento 4, 169, 173, 177
Revolução francesa 45
Rezas curativas 20
Rinoceronte 150
Roda solar 150
Rodesianos 150
Roma (romano) 90, 91, 176
Romance 136, 138, 140
- policial 137
Romantismo 130

Sabeus 37[47]
Sacrifício 93, 95, 157, 198
Sagrado 151
Salpêtrière 62
Salzburgo 6
Sangue 3, 25, 169, 213
"Sant'Ana e a Virgem" (Leonardo da Vinci) 55
Sat-chit-ananda 189
Satisfação substitutiva 156
Saúde 173
Semente 15
Senso (sentido) 89, 90, 107, 108, 121, 141, 143, 152, 166[8], 169,

174, 175, 193, 197, 207, 208, 209

Sentimental (Schiller) 111
Sentimentalismo 183, 184, 185
Sentimento (sensibilidade) 10, 49, 90, 99, 141, 148, 173, 183, 192, 208, 209, 213
- atrofia do 173, 183
- falta total de 208
Sexualidade infantil 47, 51, 63, 69, 104, (156)
Shakti 195
Shiva 195
Sífilis, 7, 210
Significado 121, 144
Sílfides 13
Símbolo (simbólico) 17, 71, 98, 105, 116, 118, 119, 124, 148, 150, 159, 185, 186, 198, 207, 209, 210
- cristão 87
- do cordeiro 175
- de Freud 105
- oriental 90
Si-mesmo (Self) 110, 188, 192, 198
Sinai, Monte 182
Sinal 105, 196
Sincronicidade, princípio da 81, 85
Sintoma 105, 125, 134, 146, 174,
- da neurose 64, 152, 208[3]
- histérico 62
Sociedades secretas chinesas 88
Sofia 154, 211
Sol 1, 3
Solipsismo 168
Sombra 159, 172, 188
Sonâmbulo 184
Sonho 65, 105, 106, 143, 152, 160, 185, 192, 194
- censura 68, 106
- de Eckermann 159[19]
- de Wilhelm 94
- teoria de Freud 57, (65)
Spiritus mercurialis 25
Sublimação 53
Súcubos 13, 14

Sugestão 62
Suíço 2, 3, 7
Sujeito e objeto (cf. também Objeto) 37, (166), 198
- identidade inconsciente do 37
Superego 48
Superstição, 19
Surrealismo 171

Tabula smaragdina 31[27]
Tao 89, 90
Tártaro 14
Tartaruga 25
Taumaturgo 7
Teleologia 175, 183
Temor supersticioso 148
Tempo 81, 82
- manifestação do nosso 174
Tendências 108
Teólogos, Cap. VII - prefácio
Terapia de Paracelso 27, 33, 36, 41
Terminologia
- de Paracelso 18, 36
- freudiana 44
- na Psicologia 122, 127, 152
Terra 2, 3, 38, 39
Theorica (Paracelso) 41
Totalidade criativa 176
Totem e Tabu (Freud) 59, 66
Tragédia 138, 140
Transformação 25
- psíquica 28
Tratados psicológicos (Jung), Cap. VIII - nota do autor
Traumatizante 62, 63
Travestis 134
Tribos e iniciação masculina 150
Tristão (Wagner) 142
Tuat (azul) 210
Tuberculosas 210

Ulisses (Joyce) 143[6], Cap. VIII, 163, 164, 164[4], 167, 171-174, 177, 179-186, 193, 196-198, 201, 202

Unilateralidade 130, 131, 153, 180
- de Freud 56, 70, 179
Upanixades 87, 88
Útero 105

Valor 49, 69, 136, 141, 158, 169, 177, 179
- atrofia de 173
- cultural 46, 58
Vendedora de legumes 152
Veneno 1, 159
Vento 169
- fertilidade do 25
Verdade 13, 16, 20, 45, 49, 56, 70, 90, 91, 92, 105, 121, 159, 161, 164
Verme (lombriga) 165, 166, 169
Vida 92, 120, 127, 130, 131, 135, 164, 185, 193, 196
- essência da 17
- experiência da 139

- formas inferiores da 158
- meia-idade da 9
- não vivida dos pais 4
Vinho 212
Visão originária 142
Visionário 149, 151, 153
- modo de criar 139, 141
Vivência 37
- originária 141, 143, 144, 147, 151, 161
Vontade 110, 112, 113, 128, 159, 173

Wen 83

Yang e Yin 94
Yliaster 12

Zaratustra (Nietzsche) 103, 111, 117, 159, 178, 185, 192, 214
Zeus 110, 152

Conecte-se conosco:

 facebook.com/editoravozes

 @editoravozes

 @editora_vozes

 youtube.com/editoravozes

 +55 24 2233-9033

www.vozes.com.br

Conheça nossas lojas:

www.livrariavozes.com.br

Belo Horizonte – Brasília – Campinas – Cuiabá – Curitiba
Fortaleza – Juiz de Fora – Petrópolis – Recife – São Paulo

EDITORA VOZES LTDA.
Rua Frei Luís, 100 – Centro – Cep 25689-900 – Petrópolis, RJ
Tel.: (24) 2233-9000 – E-mail: vendas@vozes.com.br